ATELIER

DIE

EVA SCHÖRKHUBER

WUNDERBARE INSEL

NACHDENKEN ÜBER DEN TOD

Mit Illustrationen von
Philipp Markus Schörkhuber

ATELIER

EDITION ATELIER WIEN

Für meine Mutter, die mit dem Tod ihres Partners zu leben hat und sich so mutigen Schrittes in ein verändertes Leben wagt.

Über den Tod nachzudenken heißt, über alle nachzudenken.

Anne Boyer

BEGEGNUNGEN

1.

Ich erinnere mich genau, als ich den Tod zum ersten Mal wahrgenommen habe. Er ist mir weder erschienen noch hat er kurz davor jemanden aus meinem Leben genommen. Und doch hat der Moment, in dem ich ihn erkannt habe, einen tiefen Eindruck hinterlassen.

Zwischen den Zeilen eines Liedes ist mir plötzlich das unlösbare Ende jedes Lebens vor Augen gestanden wie ein dunkler Fleck, der immer schon da gewesen war, der nur bislang mein Gesichtsfeld nicht berührt hatte. »Und er wird auf-, auferstehen« hallte es durch das Kirchenschiff, und ich konnte nicht mehr an mich halten. Da halfen weder das erdbeerrote Jeansgilet, das ich an diesem Ostersamstag unbedingt tragen wollte und das ich gegen die Vorstellungen meiner Mutter von einer angemessenen Festtagskleidung durchgesetzt hatte, noch der blaue Drache mit dem glitzernden Blick, der mit einer Anstecknadel befestigt auf meiner Brusttasche saß. Ich konnte nicht mehr an mich halten und brach in Tränen aus. Es waren keine heißen, stillen Tränen, die meine Wange hinunterliefen, mein ganzer Körper versuchte den Eindruck, den der dunkle Fleck hinterließ, abzuschütteln. Ich schluchzte und bebte. Meine Mutter, die neben mir saß, nahm mich an der Hand, und wir verließen die österliche Kindermette.

In den darauffolgenden Tagen fanden meine Eltern und ich einen Namen für dieses beklemmende Gefühl, wir nannten es »Magendrücken«. Sobald die Angst vor dem Tod, die kurz nach diesem ersten Eindruck einsetzte, heranschlich, konnte ich zu ihnen gehen, immer, zu jeder Zeit. Ich sagte: »Mama, Papa, ich habe wieder Magendrücken.« Sie brachten mir warme Milch mit Honig und versuchten, mich zumindest an diesem Morgen, an diesem Nachmittag oder Abend zu beruhigen. Sie ahnten wohl, dass es gar nicht möglich und vielleicht auch nicht richtig gewesen wäre, mir diese Angst zu nehmen. Was hätten sie auch gegen den Tod ausrichten können? Dass es ihn gibt, ist unbestreitbar. Sein Gewicht ist ebenso wenig zu leugnen wie der Umstand, dass niemand etwas Bestimmtes über ihn sagen kann. Er ist im gleichen Maße gewiss, wie alle Spekulationen darüber, wie das Ende eines Lebens aussehen mag, ungewiss sind.

Meine Eltern waren damals wenige Jahre jünger als ich heute. Sie standen mitten im Leben. Mein Vater arbeitete im chemischen Labor eines Unternehmens, das Lacke, Farben und Klebstoffe produzierte. Meine Mutter war Hausfrau und kümmerte sich um meinen jüngeren Bruder und mich. Fünf und acht Jahre waren wir alt. Im Kindergarten und in der Grundschule gab es keine Nachmittagsbetreuung, zu Mittag spazierten wir nach Hause und verbrachten den restlichen Tag damit, Hausaufgaben zu machen, im Garten zu spielen oder über die Felder zu streunen. Ein paar Jahre zuvor waren meine Eltern mit uns von einer Kleinstadt in dieses Dorf gezogen, wo sie gute nachbarschaftliche Beziehungen unterhielten. Wahrscheinlich trugen sie sich damals schon mit dem Gedanken, ein Grundstück zu kaufen und ein Haus darauf zu bauen.

Mit dem Tod hatten sie zu dieser Zeit nichts zu schaffen. Ihre Aufmerksamkeit galt der Gegenwart, in der sie sich immer besser einrichten wollten, und der Zukunft, die sie für sich und ihre Kinder in Anspruch nahmen.

2.

Vor einigen Jahren habe ich mit meiner Mutter über diese Zeit gesprochen, in der mich die Angst vor dem Tod so fest im Griff hatte. Sie hat mir erzählt, wie hilflos sie sich damals fühlten, Papa und sie, und dass sie gerne gewusst hätten, was der Auslöser dafür gewesen sei. »Wir konnten uns nicht erklären, woher diese Angst plötzlich kam.«

Damals, nach der Kindermette, hat sie mich gebeten, ihr zu sagen, was in mir vorging, es wenigstens zu versuchen. Es ist mir nicht gelungen. Den Tod habe ich zwar benannt, doch vollkommen zusammenhangslos, und meiner Mutter ist nichts anderes übrig geblieben, als meine Beklemmung darauf zurückzuführen, dass mir die katholische Ostergeschichte mit ihren Folter- und Hinrichtungselementen zu nahe gegangen sei. »Aber schließlich hat Jesus doch den Tod besiegt.«

Meine Großmutter mütterlicherseits war zu diesem Zeitpunkt bereits vier Jahre tot. Meine Mutter hat mich immer wieder gefragt, ob nicht ihre Reaktion auf die Nachricht vom Tod ihrer Mutter der Auslöser für meine Angst gewesen sein könnte. Sie war damals Anfang dreißig, ich war vier Jahre alt. Erinnern kann ich mich an das grüne Telefon, das im Flur der Wohnung in der Kleinstadt stand, auf einer Kommode mit geschwungenen Holzmaserungen, die ich so gerne mit den Fingern entlangfuhr. Über dieses Telefon gebeugt sehe ich in meiner Erinnerung meine Mutter, in Tränen aufgelöst. Ich muss in der Tür des Kinderzimmers gestanden und sie beobachtet haben.

Meine Oma war kurz nach ihrer Krebsdiagnose an Herzversagen gestorben. Niemand hatte, trotz der schweren Erkrankung, mit einem so plötzlichen Ende ihres Lebens

gerechnet. Was mir meine Eltern damals vom Tod erzählt hatten, weiß ich nicht mehr, aber ich glaube nicht, dass es beängstigend gewesen war. Ich glaube auch nicht, dass der Schmerz, der aus meiner Mutter herausbrach, als sie am Telefon erfuhr, dass ihre Mutter verstorben war, der Auslöser für eine Angst gewesen sein konnte, die vier Jahre später in mein Leben trat. Genauso wenig glaube ich, dass die brutale Leidensgeschichte, die zu Ostern in den Kirchen zelebriert wird, als Auslöser infrage kommt. Schließlich kannte ich diese Geschichte von der Kreuzigung und der Auferstehung schon lange. In einem katholisch geprägten Land war ich mit diesen Bildern aufgewachsen. Überall, in den Klassenzimmern und Stuben, hing der gepeinigte Leib eines halbnackten Mannes. Im Gegensatz zu meiner Großmutter und meiner Mutter allerdings wurde mir der Glaube an Gott, Jesus und den Heiligen Geist nicht durch Drohungen und Schreckensszenarien in den Kopf zu setzen versucht, sondern durch Erzählungen von Wundertaten und Nächstenliebe.

Meiner Großmutter wurde in ihren Mädchenjahren in einem katholischen Internat noch eingebläut, dass selbst ein einmaliger Besuch in einer protestantischen Kirche eine schwere Sünde sei, die sie, wolle sie nicht in der Hölle schmoren, umgehend abzubüßen habe. Meine Mutter hatte sich aus Angst, auch nur eine »Sünde« bei ihrer ersten Beichte zu vergessen, eine Liste mit all ihren Vergehen geschrieben – eine Achtjährige, die auf Punkt und Beistrich Buch darüber führte, was sie im Laufe ihres kurzen Lebens »verbrochen« hat. Die Liste mit ihren »Sünden« verlor sie auf dem Weg zum Beichtstuhl. Dass sie sich nicht mehr dafür verbürgen konnte, wirklich alles in das Ohr des Priesters gelegt zu haben, quälte sie lange.

Trotz – oder vielleicht auch: wegen – dieser rigorosen Glaubenskur, der sich meine Mutter und zuvor ihre Mutter unterziehen mussten, wurden mein Bruder und ich nicht besonders religiös erzogen. Die Kirchgänge beschränkten sich zumeist auf die hohen Feiertage und nahmen im Laufe der Jahre immer mehr ab, bis zu jenem Zeitpunkt, an dem wir schließlich alle unsere Taufscheine zurückgaben.

Zu wissen, was der Auslöser für meine plötzlich aufgetretene Angst gewesen war, hätte etwas Beruhigendes gehabt: In Anbetracht einer Ursache wäre es meinen Eltern einfacher erschienen, mit den Auswirkungen umzugehen. Sie hätten den Anstoß abfedern, ihn mir auseinandersetzen, die Zündkapsel entschärfen können. Da der Auslöser aber in der Schwebe blieb, mussten wir uns dem Grund meiner Angst, ihrem Gegenstand, widmen, der zugleich bodenlos und sehr konkret war. Zum ersten Mal ist der Tod unmittelbar in mein Blickfeld geraten und hat sich dort für die kommenden Monate festgesetzt. Ich konnte kaum mehr etwas anderes in Betracht ziehen.

Wenn ich heute darüber nachdenke, scheint mir der dunkle Fleck, als den ich den Tod zuerst wahrgenommen habe, von ausschlaggebender Bedeutung zu sein. All die Umstände, von denen als mögliche Ursachen die Rede war, verdichten sich darin. Mit vereinten Kräften drängen sie ihn an den äußersten Rand unseres Gesichtsfeldes. Sie verdrängen ihn. Die schamhafte Einsamkeit der Trauer und ihres Schmerzes, mit dem, wenn irgendwie möglich, niemand anderer behelligt und in seinem Alltag gestört werden soll; die Reden von einem ewigen Leben, in dem das eigentliche Ziel unserer irdischen Existenz bestehen soll, das aber nur von den Guten, den Gläubigen und Braven erreicht werden kann; schließlich die Vorstellung davon, nicht nur den Tod, sondern auch die Trauer besiegen zu können: Was mich von meinen Jugendjahren an bis heute bei christlichen Beerdigungen zur Weißglut treibt, sind die priesterlichen Beteuerungen, die Hinterbliebenen müssten dankbar dafür sein, dass »der Herrgott« die Verstorbenen zu sich gerufen habe. Die schmerzhafte Trauer darüber, eine Freundin, einen Ehemann, ein Kind, eine Mutter oder einen Großvater verloren zu haben, wird schlicht und einfach übergangen. Wie durch Zauberhand soll sie sich, wenn schon nicht in Frohmut, so doch und vielleicht schlimmer noch in Dankbarkeit verwandeln.

Doch Schmerz, Trauer, Wut und Zorn, die mit den ersten beiden einhergehen, verschwinden nicht einfach. Sie lagern sich ein in den Köpfen und Herzen, unter der Haut und in den Knochen. Eines Tages, wenn niemand mit ihnen rechnet, quellen sie hervor und verursachen viel größere Schäden, als sie in einem unmittelbaren Zusammenhang mit einem Trauerfall hätten anrichten können.

3.

Ich nehme den Tod also in mein Gesichtsfeld und setze mich an den Küchentisch. Küchen sind Orte des Lebens, des Austauschs von Worten, Gerüchen und Geschmäckern. Sie geben Vermengungen und Unklarheiten, aus denen Fantastisches entsteht, ihren Raum. Hier möchte ich über den Tod nachdenken. Schließlich gehört er zum Leben wie der grobe Schiffsboden, auf dem der Tisch und die Stühle stehen. Zwischen seinen Planken nimmt er großzügig Staubflusen, Tabakbrösel und Krumen auf, er bewahrt die kleinen Spuren, die von meinen täglichen Verrichtungen abfallen. Am Fensterbrett, hinter dem Tisch, stehen die Pflanzen und Kräuter, um die ich mich leidenschaftlich kümmere. Da ich aber auch leidenschaftlich gerne verreise, ist es immer wieder vorgekommen, dass das eine oder andere Gewächs dran glauben musste, dass nicht alle mit seiner Versorgung Betrauten ihrer recht zeitaufwendigen Aufgabe gewachsen waren.

An manchen Pflanzen hänge ich besonders: Den Rosmarinstock hat mein Vater vor fünfzehn Jahren in einen Tontopf gesetzt und mir mitgebracht; den Avocadobaum habe ich vor zehn Jahren aus einem Kern selbst gezogen; der Feigenbaum, der bis vor einem halben Jahr noch das Küchenfenster verdeckt hat, steht mittlerweile in einem großen Topf in meinem Arbeitszimmer. Erst wenn ich mich durchringen kann, ihn ins Freie zu setzen, wird er Früchte tragen.

Es kann fruchtbar sein, sich auszusetzen, sich einer Angst, einer Sorge, einer bedrohlichen Situation zu stellen. Ein Standpunktwechsel ist dafür unabdingbar. Viele Jahre lang habe ich mich verkrochen, ich habe den Tod inbrünstig gehasst, ihn in ein Eck gestellt in der Hoffnung, nichts mit ihm zu tun haben zu müssen. Mir ist das freilich so wenig geglückt wie allen anderen, die es versuchen. Heute denke ich nicht mehr, dass es wirklich glücklich wäre, ihn über weite Strecken meines Lebens für unberührbar zu erklären. Die Dunkelheit, die ihn umgibt, ist die des dunklen

Flecks, das Schaudern der Netzhaut, wenn sie etwas streift, das außerhalb ihrer Reichweite liegen sollte.

DIE GANZ-OHNE-MICH-ANGST

1.

Seltsam ist, dass ich mir den Tod nie in einer bestimmten Gestalt vorgestellt habe: heute, wenn ich an meinem Küchentisch sitze, so wenig wie damals, als ich ihn zum ersten Mal wahrgenommen habe. Dazwischen liegen viele Jahre, in denen ich von seinen unterschiedlichen Namen, Figurationen und Geschlechtern gelesen und gehört habe. In den romanischen Sprachen ist er weiblich, so wie das Leben, *à la vie à la mort*. Im deutschsprachigen Raum tritt er als Gevatter, als Freund Hein, als Sensenmann oder knöcherner Ritter auf, je nach sozialem Titel in karger, zerschlissener Kleidung oder hoch zu Ross mit Hut und Feder. Nein, der Tod ist in der Tat nicht für alle gleich. In Liedern aus unterschiedlichen Sprachregionen nimmt er die Gestalt von Tieren, häufig von Vögeln, an. In Kinderbüchern wird er zum freundlichen Skelett, das in Geisterbahnen und in Horrorfilmen mit furchterregenden Zügen versehen wird.

Damals, als mich die Angst vor ihm gepackt hat, habe ich mir kein Bild von ihm gemacht. Ich kannte zwar die in unseren Breiten üblichen Darstellungen, aber er kam nie in einer bestimmten Gestalt, weder in meine Alpträume noch in meine bangen Tagesfantasien. Er war groß und unbegreiflich, und dennoch habe ich ihn nicht zu einem konkreten Feind stilisiert, den ich bekämpfen konnte oder wollte. Meine Angst vor ihm war keine Furcht vor einem gespenstischen Knochenmann oder einem Vogel mit riesigen Schwingen. Vor ihnen hätte ich mich verstecken, ich hätte mir vorstellen können, in den Kampf gegen sie zu ziehen, mit Schwert und Zaubertrank bewaffnet. Die Angst, mit der ich es zu tun hatte, war nicht die vor einem furchteinflößenden Gegner. Sie befiel mich plötzlich, hinterrücks in den vertrautesten Momenten. Sie suchte mich heim.

Während ich mit meinem Bruder in unserem Zimmer saß und zusah, wie er mit seinen Dinosauriern spielte, konnte sie mich befallen, diese Angst. Es begann mit einem rührenden Gefühl im Bauch, mit einem surrenden Kreisel, der sich in meiner Magengrube drehte und der das, was ich unmittelbar vor mir hatte, in ein besonders warmes und anheimelndes Licht tauchte. Ein paar Augenblicke lang betrachtete ich mit tiefer Zuneigung meinen Bruder, wie er die gelbe Brontosaurierdame, der wir den Namen Duna gegeben hatten, zur imaginären Wasserstelle führte. Für den kleinen Menschen, der vor mir saß, die tapsigen Hände auf dem Rücken der schwerfälligen Echse, empfand ich die gleiche ausufernde Zärtlichkeit wie für all diese Tiere aus Plastik, die verstreut auf dem Boden lagen. Mit einem Schlag aber wurde mir klar, dass all das ein Ende hatte und dass dieses Ende schon nah war, denn ich würde sterben. Der Kreisel in meinem Bauch wurde größer, er bohrte sich in meinen Magen, schlug Löcher, in denen sich meine Gedanken verfingen. Was würde aus meinem Bruder, aus seinen Dinosauriern, aus diesem Zimmer werden, wenn ich nicht mehr da war? Was würde mit dem Stockbett geschehen, wenn ... ich ... nicht mehr ... war? Sobald sich diese Frage in mir festgesetzt hatte, kam die Verzweiflung. Ich versuchte, sie zu bezähmen, die Tränen zurückzuhalten,

um meinen Bruder nicht zu erschrecken, um nicht schon wieder zu meinen Eltern zu laufen. Vergeblich. »Mama, Papa, ich habe wieder Magendrücken.«

In dieser Zeit habe ich unzählige Male ein letztes Mal erlebt: ein letztes Mal, an dem ich Duna über den Rücken streichelte; ein letztes Mal, an dem mir mein Bruder erzählte, wie viele Tonnen Pflanzen Brontosaurier täglich fraßen; ein letztes Mal, an dem mein Vater am Morgen die Tasse mit dem schaukelnden Pumuckl darauf vor mich auf den Küchentisch stellte; ein letztes Mal, an dem meine Mutter im Auto ein Lied mit uns sang; ein letztes Mal vor dem Weihnachtsbaum; ein letztes Mal Kerzen auf dem Geburtstagskuchen. All diese Momente, in denen der Kreisel in mir zu surren begann, wollte ich bewahren. Ich wollte sie aufheben, sie in meine Tasche stecken. Sie sollten mich begleiten auf meiner letzten Reise, die ich, davon war ich überzeugt, schon bald antreten würde.

Es handelte sich dabei um keine konkrete Todesahnung. Ein paar Jahre später hatte ich durchaus böse Ahnungen davon, dass mich eine tödliche Krankheit befallen könnte. Ich beobachtete meine Muttermale mit Argusaugen, fühlte in meinen wachsenden Brüsten die Krebszellen wuchern, roch mit Entsetzen den fremden Geruch auf meiner Haut. Die Krankheiten, die ich mir damals einbildete, standen in Zusammenhang mit den Veränderungen, die sich zu Beginn der Adoleszenz in meinem Körper vollzogen. Ich war, wie man damals sagte, »früh dran«. Meine erste Regelblutung bekam ich mit neun, und ich war sehr gut darauf vorbereitet. Meine Mutter hatte mir zuvor erklärt, was es mit diesen Blutungen auf sich habe, und im Gegensatz zu ihr selbst hatte ich, als ich zum ersten Mal das Blut im Höschen entdeckte, keine Angst davor, zu verbluten.

Meiner Mutter war es anders ergangen. Niemand hatte sie darauf vorbereitet. Ihre Mutter war, als sie ihr von dem

Blut, das zwischen ihren Beinen floss, berichtete, in Tränen ausgebrochen, woraufhin meine Mutter davon überzeugt war, dass sie nun sterben müsse. Warum sonst sollte ihre Mutter so reagieren, wenn diese Blutung nicht ein Zeichen für eine tödliche Erkrankung war? Ja, warum denn sonst?

Damals, ein, zwei Jahre vor dem Beginn meiner Pubertät, hing meine Angst vor dem Tod nicht an konkreten Krankheitsbildern. Sie war umfassend. Ich stürzte in sie wie in einen tiefen Brunnen. So sehr ich auch strampelte, ich gewann keinen Boden mehr unter den Füßen. Weder konnte ich Halt finden an den kalten Wänden noch kam der Aufprall, der mich meiner selbst wieder vergewissert hätte. Ich hing in der Luft, baumelte im Auge eines Gedankenorkans, der sich um nichts anderes drehte als um mich selbst. Ich konnte mir nicht vorstellen, was mit all den Menschen und Dingen geschehen würde, wenn ich nicht mehr auf der Welt, wenn ich nicht mehr bei ihnen wäre. Das Entsetzen, das mich packte, bestand darin, dass die anderen: meine Eltern, mein Bruder, Duna, das Stockbett, ganz ohne mich sein würden – ganz, auch ohne mich.

Dabei ging es nicht um jene narzisstischen Kränkungen, die ich Jahre später durchexerziert habe, wenn ich mir aus einer boshaften Mischung aus Trotz und Seelenschmerz heraus vorstellte, wie sehr gerade jene Menschen meinen plötzlichen Tod betrauern würden, die mich, absichtlich oder nicht, verletzt hatten. Vor meinem Grab würden sie stehen und es bitter bereuen, mich nicht eingeladen, mich nicht beachtet, mir ihre Zuneigung nicht gezeigt zu haben. Sie wären eben nicht mehr ganz gewesen ohne mich. Ein Bestandteil ihres Lebens, dessen Bedeutung sie nicht rechtzeitig erkannt hatten, wäre durch mein Ableben unwiderruflich verloren gegangen.

Mit acht Jahren habe ich mir nicht vorgestellt, wie meine Eltern, mein Bruder mit Duna auf dem Arm, meine

Großmutter und meine beiden Großväter in tiefster Trauer vor meinem Sarg standen. Zu diesem Bild bin ich nicht vorgedrungen. Ich konnte keinen zeremoniell-rachsüchtigen Schleier über meinen Tod legen. Mein Entsetzen verfing sich in den alltäglichen Situationen, die mein Leben ausmachten. Aus ihnen herausgesprengt oder, weniger dramatisch, ihnen für alle Ewigkeit entzogen zu werden, berührte die Grenze meiner Vorstellungskraft, hinter der ein erdrückender Schmerz lag.

Die Frage, was mit den Lebewesen und Dingen passiert, die ohne uns zurückbleiben, ist mir vor zwei Jahren in einem Kinderbuch wiederbegegnet. Meine Freundin Ilse hat Wolf Erlbruchs *Ente, Tod und Tulpe* zweimal auf dem Postweg zu mir geschickt: Einmal, da sie mir schon so viel davon erzählt hatte und es endlich Zeit wurde, dass ich es kennenlernte. Und noch einmal, nachdem mein Vater gestorben war, als tröstende Begleiterin.

In diesem illustrierten Büchlein blickt die Ente auf den Teich, in dem sie gerne schwimmt, und bemerkt, dass er, sobald sie gestorben wäre, wohl immer so verlassen daliegen würde, ganz ohne sie. Die Beziehung zwischen dem Tod und der Ente ist eine freundschaftliche, in manchen Momenten ist sie sogar richtig liebevoll, etwa wenn die Ente ihn wärmt, nachdem er mit ihr im Teich geschwommen ist. Seine Anwesenheit ist eine begleitende und keine bedrohliche, die über den Köpfen der Lebenden schwebt. Er tritt auch nicht allwissend oder gar belehrend auf, er beantwortet die Fragen der Ente so gut er kann, wobei er manchmal in Verlegenheit gerät. Der Tod ist in diesem Kinderbuch menschlich, auf allen Ebenen, und zugänglich: Niemand muss zu ihm vorauseilen, sich ihm stellen oder sich vor ihm verstecken.

Die Stelle mit dem Teich ist es, worüber Ilse und ich am meisten gesprochen haben, über diese Sorge um alles, das zurückgelassen wird, wenn eine stirbt. Darin habe ich meine Angst als Kind wiedererkannt, diese Angst davor, alles ganz zurücklassen zu müssen.

Maria Stepanova beschreibt zu Beginn ihres Essays *Nach dem Gedächtnis*, wie die Dinge nach dem Tod ihrer Tante Galja augenblicklich verwaisten. »Die Wohnung wirkte perplex, geschrumpft, voller plötzlich entwerteter Dinge.« Ohne den Zusammenhang ihres alltäglichen Gebrauches hatten sie ihre Bedeutung verloren. Und dennoch waren sie ganz. Sie bildeten eine Hinterlassenschaft, aus der sich jene Fäden ziehen ließen, in denen sich die Lebensgeschichten der Verstorbenen und ihrer Zugehörigen[1] verstrickten. Die Bedeutung, die sie dadurch erhielten, war eine andere, verwoben zwar mit dem Leben, das eben vorübergegangen war, und trotzdem ein für alle Mal abgelöst von dem Menschen, der sie verwendet hatte. Sie verwandelten sich in Statthalter eines Lebens, das sie in Erinnerung riefen und von dessen unwiderruflichem Ende sie zugleich zeugten.

2.

Mein Vater hat seine Hinterlassenschaft vor der Operation geregelt. Er hat die Lebensversicherungspolizzen in den Ordner mit seinem Testament gesteckt und die Zugangsdaten zu seinen Bank- und E-Mail-Konten aufgeschrieben.

---

1 Den Ausdruck »Zugehörige« verdanke ich der angehenden Bestatterin Ulli, die mir in einem langen und schönen Gespräch erzählt hat, welche Wege und Möglichkeiten es gibt, Verstorbene und ihre Zugehörigen vom Sterbebett bis zur Beisetzung zu begleiten. Im Gegensatz zum noch gängigeren Ausdruck »Angehörige« spielen bei der Zugehörigkeit zu einer verstorbenen Person blutsverwandtschaftliche Beziehungen keine Rolle. Wem sich eine Person zugehörig fühlt, wird nicht durch Heirats- oder Geburtsurkunden festgelegt.

Meine Mutter, mein Bruder und ich sollten im Falle des Falles alles Nötige so schnell und unkompliziert wie möglich in die Wege leiten können. Wir sollten auch ohne ihn zurechtkommen.

Die Operation hatte eine längere Vorlaufzeit. Zwischen der Diagnose, dass die Lungenfibrose, mit der er schon jahrzehntelang gelebt hatte, nun ein progressives Stadium erreicht hatte, bei dem nur noch eine Organtransplantation Besserung beziehungsweise sogar Heilung bewirken konnte, und der Mitteilung, dass ein passendes Spenderorgan gefunden worden sei, lagen fünfzehn Monate. Der Operation selbst gingen zahlreiche Untersuchungen voran: Zuerst musste seine physische und psychische Eignung geprüft werden, dann die Schwere der Erkrankung und somit die Dringlichkeit, mit der er auf die Warteliste für die Organspende gesetzt wurde. In all diesen Monaten konnte sich mein Vater darüber Gedanken machen, wie er uns, sollte bei der Operation etwas passieren, zurücklassen würde. Abgesehen von der Kurzatmigkeit, die seinen Bewegungsradius massiv einschränkte und die trotz der Sauerstoffflasche, die er Tag und Nacht tragen musste, stetig zunahm, war er in einer so guten Verfassung, dass er all das, woran ihm gelegen war, regeln konnte.

Am Tag der Operation ist er guter Dinge gewesen. Voll Zuversicht hat er die bangen Stunden verbracht, in denen vor Ort, im Krankenhaus, noch geklärt werden musste, ob die entnommene Lunge tatsächlich transplantiert werden konnte. Meine Mutter und ich sind bei ihm im Zimmer gesessen. Niemand von uns ist auf die Idee gekommen, ihm zu versichern, dass wir ohne ihn zurechtkämen. Wir sprachen über alltägliche Dinge, darüber, was wir gefrühstückt hatten, über die frühmorgendliche Fahrt ins Krankenhaus, die meine Eltern im Rettungswagen unternommen hatten, über den ausgesprochen schönen Sommertag und auch darüber, wie es nach der Transplantation weitergehen würde.

Mein Vater hat die Operation gut überstanden. Als er eineinhalb Jahre später indirekt an den Folgen der Lungentransplantation starb, war die Hinterlassenschaft längst geregelt. Er hat mich, als ich am letzten Tag, an dem er noch bei Bewusstsein war, bei ihm gesessen hatte, nicht darum gebeten, meine Mutter zu unterstützen. Ich habe es ihm zwei Tage später, während seiner letzten Atemzüge, dennoch versprochen.

Mein Freund Leo[2] hat, unmittelbar bevor er sich aus dem Fenster seiner Wohnung im dritten Stockwerk stürzte, eine geplante Reise storniert, seiner Frau Geld überwiesen, eine Liste mit den Zugangsdaten zu seinen Bank- und E-Mail-Konten geschrieben und auf seinem Schreibtisch hinterlegt. Die Verzweiflung, die ihn veranlasst haben musste, auf diese Weise seinem Leben ein Ende zu setzen, konnte ihn nicht davon abhalten, an diejenigen zu denken, die er zurücklassen würde: an seine Frau, an seine Kolleginnen und Kollegen, die mit seiner Anwesenheit bei einer Tagung in naher Zukunft gerechnet hatten, an das Leben, das er als zuverlässiger Kollege, Ehemann, Freund geführt hatte.

Leo ist wenige Monate nach meinem Vater gestorben. Den Augenblick, in dem er das Fenster vielleicht schon geöffnet hat und in dem er noch ein Blatt Papier zur Hand nimmt, um seine Passwörter aufzuschreiben, versuche ich mir immer wieder vorzustellen. Wie stark dieser Beweggrund gewesen sein muss, an ein Danach zu denken, das er doch mit ganzer Kraft und unter Preisgabe seines Lebens ausschließen wollte. Das Ganz-ohne-Sich, das er für sich wollte, wollte er nicht für seine Hinterbliebenen.

---

2 Ich habe Leos Namen aus Rücksicht auf seine Zugehörigen geändert.

Leos Liste habe ich nie zu Gesicht bekommen. Eine gemeinsame Freundin hat mir davon erzählt. Mein Vater hat die Zugangsdaten zu seinen elektronischen Postfächern, zu einer Onlinefotoplattform, zu den Abrechnungsaccounts der Energiegesellschaften, die mein Elternhaus mit Strom und Gas belieferten, zum E-Banking, zu Paypal und einigen anderen Diensten zweimal aufgeschrieben. Die Liste, die er vor seiner Transplantation verfasst hat, steckte in einer orangenen Flügelmappe, die sich in der Schreibtischschublade im sogenannten »Computerzimmer« befand.

In diesem kleinen Raum im ersten Stock des Hauses verbrachte mein Vater seit seiner Pensionierung viele Stunden damit, die Fotos zu bearbeiten und über eine Onlineplattform zu teilen, die er früher auf Reisen und später im Garten oder vom Fenster des Zimmers aus aufgenommen hatte. Der alte Schreibtisch mit der Schublade steht im Eck neben dem Fenster, unter dem ein Sommerfliederbusch wächst. Sitzt man am Tisch, blickt man schräg links auf den Computerbildschirm und geradeaus auf die Wand, an der eine Magnettafel hängt. Notizzettel mit Mailadressen und Briefe mit verschiedenen Angeboten für Reparaturarbeiten im Haus sind darauf befestigt. Eine halbe Drehung mit dem Stuhl, und vor einer steht auf schlanken Holzbeinen ein Küchentisch aus den Siebzigern. Auf der hellen Resopalplatte stapelten sich die Medikamente, die mein Vater vor und vor allem nach der Lungentransplantation einnehmen musste. Die Entwässerungsmittel, die Magenschoner und, immer im großen Vorrat, jene Tabletten, die sein Immunsystem davon abhielten, das transplantierte Organ wieder abzustoßen. Die Schachteln mit den Medikamenten waren das Erste, das meine Mutter nach dem Tod meines Vaters entsorgte.

Mein Bruder, meine Mutter und ich wussten von der ersten Liste in der Schublade. Die zweite, die ganz offen am Schreibtisch unter der Computertastatur lag, haben wir bis zu seinem Tod nicht wahrgenommen.

Während der Pandemiezeit blieben mein Bruder und ich nur selten über Nacht bei unseren Eltern. Wir wollten meinen Vater nicht noch einer zusätzlichen Gefahr aussetzen. Besuchten wir unsere Eltern tageweise, hielten wir uns entweder im Garten oder, wenn es witterungsbedingt nicht möglich war, im Wohnzimmer auf, wo wir ausreichend Abstand halten konnten. Meine Mutter betrat das »Computerzimmer« nur selten. Sie vermied es so gut es ging, am Computer zu arbeiten. Alle Onlinegeschäfte und -erledigungen blieben meinem Vater überlassen.

Die zweite Liste musste er wenige Monate vor seinem Tod geschrieben haben. Vielleicht hatten sich einige Daten geändert, vielleicht waren weitere Onlinedienste, die er in Anspruch nahm, hinzugekommen. Heute denke ich, dass ihn die Krebsdiagnose dazu veranlasst hatte, die Liste neu zu schreiben. Ich weiß nicht, wie lange er schon wusste, dass die ständige Unterdrückung der Immunreaktion ein horrendes Wachstum von Krebszellen in seinem Körper begünstigt hatte. Wir haben erst davon erfahren, als er wegen akuter Atemnot zum letzten Mal in seinem Leben ins Krankenhaus kam.

Der zuständige Arzt, der uns am Morgen nach seiner Einlieferung zu einem dringenden Gespräch bat, setzte uns über die fortgeschrittene Krebserkrankung in Kenntnis. Kein Wort fiel darüber, dass meinem Vater schon Wochen zuvor der Befund zugestellt worden war, dass er also wusste, wie es um ihn stand. Später fand ich die Diagnose in seinen Mails. Er hatte sie wenige Tage nach der Computertomografie, die im Zuge seiner regelmäßigen Nachsorgeuntersuchungen durchgeführt worden war, erhalten. Darin war unmissverständlich zu lesen, dass der Krebs in seinen Knochen saß und sich weit in seine neue Lunge hinein verzweigt hatte.

Wir, seine Hinterbliebenen, haben uns oft gefragt, warum er sich dagegen entschieden hatte, uns davon zu erzählen. Wir richteten Vorwürfe gegen uns selbst (aber niemals gegeneinander), stellten infrage, ob wir ihn während der Sauerstoffflaschen- und der Transplantationszeit ausreichend unterstützt hätten.

Was auch immer meinen Vater dazu bewogen haben mochte, uns zu verschweigen, dass er nicht mehr lange zu leben hatte, ich denke, es ist, im Gegensatz zu den

Zweifeln, die bei uns aufkamen, ein Ausdruck von jenem Zutrauen, das er immer schon in das Leben gesetzt hatte. Er wollte sein Leben, wie er es hatte, zu Ende führen. Er wollte nicht, dass es in den letzten Wochen oder Monaten völlig außer Rand und Band geriet. Und das wäre geschehen, wenn er seiner Frau, seiner Mutter, seinen Kindern und seinen Schwestern berichtet hätte, dass er an Krebs im Endstadium litt. Jede und jeder von uns hätte mit einer anderen Art von Abwehr reagiert. Die einen hätten sich in tiefste Verzweiflung gestürzt, die anderen wären von einer Expertin zur anderen gelaufen, hätten ihn belagert mit Vorschlägen für medizinische oder alternative Behandlungen. Wir hätten ihm keine ruhige Minute mehr gelassen.

Dass er sich nicht ganz damit abgefunden hatte, dass der Tod ihn einholen würde, haben wir erfahren, als eine der Ärztinnen, die seine Nachsorgeuntersuchungen durchführten, meine Mutter anrief. Sie wusste nichts vom Tod ihres Patienten. Er war in einem Krankenhaus in Linz gestorben, die regelmäßige Nachsorge fand in jenem Wiener Spital statt, in dem auch die Transplantation durchgeführt worden war.

Die Ärztin rief meine Mutter an, da sie meinen Vater schon über Wochen hinweg nicht erreichen konnte. Von meiner Mutter erfuhr sie, dass er verstorben war. Von ihr erfuhr meine Mutter, dass sie gemeinsam mit meinem Vater bereits begonnen hatte, die Chemotherapie zu planen. Sie waren ständig in Kontakt gewesen, um zu klären, ob die Behandlung in Linz oder in Wien stattfinden würde. Auf Wunsch meines Vaters hatten sie vereinbart, dass er, sollte bei einem der Anrufe der Ärztin meine Mutter im Zimmer sein, nicht abheben, sondern zurückrufen würde. Deshalb war sie zunächst nicht darüber verwundert gewesen, dass sie ihn am Mobiltelefon nicht erreichen konnte.

Seit seinem Tod habe ich diese zweite Liste oft vor Augen gehabt. Sie hat mir dabei geholfen, die ganzen Um- und Abmeldungen vorzunehmen, die nötig geworden waren.

Auch diesen Moment versuche ich mir immer wieder vorzustellen: Wie mein Vater sich an den Schreibtisch setzt, ein Blatt aus dem Fach mit Druckerpapier zieht, um in seiner schönen, großzügigen Handschrift noch einmal seine Passwörter niederzuschreiben. Er sortiert die verschiedenen Accounts und Dienste, setzt Prioritäten: zuerst die Mails, die Bank, die Energiegesellschaften; dann die Fotoplattform, der Automobilclub, die ganzen anderen Kunden- und Mitgliederkarten. Unter jeder Rubrik zieht er einen Strich. Er weiß, warum er diese Liste erneut schreibt und sie gut sichtbar unter der Tastatur auf der Schreibtischplatte liegen lassen wird. Und er weiß, dass wir, für die sie gedacht ist, nicht wissen, warum er sie gerade jetzt schreibt.

Wie ist es ihm ergangen in diesem Moment? Hat er mit seiner Entscheidung, uns nichts von der schweren Erkrankung zu erzählen, gehadert? War er sich gewiss, dass wir nicht angesichts dieser neuen Liste Verdacht schöpfen, uns und schließlich ihn fragen könnten, woher diese Dringlichkeit kam? Ist es eine Spur gewesen, die er uns legen wollte und die wir ignoriert haben?

Auf jeden Fall ist er allein gewesen mit dieser Liste, mit seinen Gedanken an uns, die ahnungslos waren und es bleiben sollten. Ich fürchte, dass er manchmal sehr einsam war in diesem Wissen, wie es um ihn stand. Und ich hoffe inständig, dass er sich keine Sorgen gemacht hat, wir könnten ihm seine Entscheidung später übel nehmen, uns von ihm hintergangen fühlen. Ein wenig beruhigt es mich, dass er zumindest mit dieser Ärztin über seine Krankheit sprechen, mit ihr einen, wenn auch unwahrscheinlichen, Ausweg suchen konnte. Ich bin mir auch sicher, dass er sich darüber Gedanken gemacht hat, wie wir ohne ihn zurechtkommen würden.

Mein Bruder und ich, wir haben unsere eigenen Leben. Wir wohnen mehr oder weniger weit entfernt von unserem Elternhaus, gehen unseren beruflichen Tätigkeiten nach, verbringen viel Zeit mit unseren Freundinnen und Lebensgefährten.

Meine Mutter hat den größten Teil ihres Lebens mit meinem Vater verbracht. Während der letzten fünfzig Jahre ist er ihr Gefährte gewesen. Die Aufgaben in ihrem Haushalt waren aufgeteilt, mein Vater kümmerte sich ums Geschäftliche, wozu auch alle finanziellen Angelegenheiten zählten, meine Mutter um die »Logistik«, wie sie es nannte: Wann was zu erledigen war, hatte sie im Kopf. Sie koordinierte die Einkäufe und hielt das Haus in Ordnung. Meine Mutter hat, da sie nur kurze Zeit einer Lohnarbeit nachging, keinen Anspruch auf eine staatliche Rente. Zur Rentnerin im behördlichen Sinne wurde sie erst als Witwe.

Die Sorge darüber, wie es ohne sie weitergehen würde, hat beide, meinen Vater und Leo, dazu veranlasst, sich um ihre Hinterlassenschaften zu kümmern, ein Danach, ganz ohne sie, in Betracht zu ziehen, obwohl sie das auf je sehr unterschiedliche Weise beide nicht wollten.

Leo wollte nicht mehr weiterleben, er wollte kein Danach mehr für sich. Mein Vater hätte wohl gerne noch einige Jahre mit seiner neuen Lunge gelebt, es gab Reisepläne für eine Zeit nach Corona, Umbauarbeiten im Haus standen an. Der Tod kam ihm dabei in die Quere, ihm hätte er ein Danach für sich unter fast allen Umständen vorgezogen.

3.

Es ist ein Akzent, der sich zwischen der umfassenden Angst, die mich als Kind ins Bodenlose stürzen ließ, und der Sorge darüber, was nach dem eigenen Tod aus den Hinterbliebenen wird, verschiebt.

Auf der einen Seite steht die schmerzhafte Unmöglichkeit, sich vorzustellen, dass die bekannten und vertrauten Lebenszusammenhänge ohne eine weiterhin und ganz fortbestehen: Der Teich bleibt ganz ohne die Ente, das Kinderzimmer mit den Dinosauriern bleibt ganz, auch ohne mich. Auf der anderen Seite liegt die nagende Ungewissheit darüber, welche Konsequenzen die eigene unwiderrufliche Abwesenheit für die anderen haben könnte: Wie wird es der Lebensgefährtin, den Kollegen, den Kindern, den Eltern, den Freundinnen ganz ohne mich ergehen? Werden sie zurechtkommen, so ganz ohne mich?

Während »ganz« auf der einen Seite das einzig bekannte Maß für eine allgemeine Existenzweise ist, umschließt »ganz« auf der anderen eine endgültige Abwesenheit.

So wenig, wie ich mir als Kind vorstellen konnte, dass etwas ganz auch ohne mich bleiben konnte, so wenig lässt sich die Endgültigkeit ganz begreifen, mit der andere Menschen im Leben zurückgelassen werden. Abgefedert wird die nagende Ungewissheit durch jene Vorkehrungen, die mit einer gewissen Voraussicht getroffen werden können: Testamente können geschrieben, Lebensversicherungen abgeschlossen, Grundbucheinträge und Sparbücher übertragen werden.

So sorgfältig die eigene endgültige Abwesenheit auch vorbereitet wird, sie bleibt im Großen und Ganzen ebenso unbegreiflich wie die Tatsache, dass die Welt auch ohne mich fortbestehen wird.

Der Schmerz des Ganz-ohne-Mich ist der Riss in den vertrauten Lebenszusammenhängen, der entsteht, wenn man sich vorstellt, nicht mehr zu sein. In der Trauer um die verwaisten Dinge, die, aus ihrem Gebrauch gerissen, »plötzlich entwertet« sind, spiegelt sich, wie in der Sorge um die Zurückbleibenden, eine Abwesenheit, die wir nicht fassen können. Fassungslos stehen wir vor einem leeren Spiegel, in dem wir uns nicht mehr erkennen.

Vielleicht ist auch das ein Grund, warum die Spiegel im Haus von Verstorbenen verhängt, warum, scheinbar im Gegensatz dazu, Totenbilder verteilt und aufgestellt werden. Es wird uns, das wird uns in Anbetracht des leeren Spiegels bewusst, nicht mehr möglich sein, »ich« zu sagen, wir werden gewesen sein, so wie all die Menschen, die wir auf alten Fotografien betrachten und die nicht mehr »unter uns weilen«, einmal gewesen sind.

Im zweiten Teil seiner *hellen Kammer,* seiner *Bemerkungen zur Photographie,* versucht Roland Barthes, auf verschiedenen Fotos seine verstorbene Mutter »wiederzufinden«. Er stellt gleich zu Beginn fest, dass er sich nichts davon »versprach«, denn mit Marcel Proust war er der Ansicht, dass man sich durch das Betrachten von Fotos weniger an eine Person erinnert fühle, als »wenn man nur an sie denke«. Nachdem er seine Mutter auf vielen Abzügen »nur in Bruchstücken wiedererkannte«, findet er zu seiner eigenen Überraschung eine Fotografie, die ihm »ein ebenso starkes Gefühl der Gewissheit wie die Erinnerung« vermittelt, ein »genaues Bild« seiner Mutter vor sich zu haben.

Die Aufnahme war lange vor seiner Geburt entstanden. Auf dem Foto ist seine Mutter als kleines Mädchen zu sehen, wie sie mit ihrem Bruder im Wintergarten ihres Geburtshauses steht. In seiner Annäherung an dieses Bild findet der Sohn in den kindlichen Gesichtszügen, in der Haltung der Hände und im Ausdruck der Augen seine Mutter wieder. Diese Entdeckung veranlasst ihn, die im ersten Teil seines Essays angestellten Überlegungen zur Fotografie noch einmal zu überdenken. Die »zweite Natur«, die ein Foto der abgebildeten Person verleiht und die sie zu jener Art von »Unbeweglichkeit inmitten der bewegten Welt verurteilt, die der Liebe oder dem Tod eignet«, diese Form einer *Nature Morte,* eines Stilllebens, vernimmt Barthes nun in »zwei Tonlagen«: in der der »Banalität«, zu

»sagen, was jedermann sieht und weiß«, und in jener der »Einzigartigkeit« des individuellen und emotionalen Wiedererkennens von Wesenszügen.

Er kommt noch einmal darauf zurück, was er im ersten Teil auf allgemeinere oder, in seinen Worten, »banalere« Weise verhandelt hat: auf die Frage nach den ganz speziellen Charakteristika des »Referenten der Photographie«, dessen also, worauf ein Foto verweist. Der Sinn eines Fotos, so folgert er, bestehe nicht mehr und nicht weniger darin, dass die »Sache« (die Person, die Anordnung von Menschen und Gegenständen, die Straßenszene etc.), die auf ihm zu sehen ist, nicht »möglicherweise«, sondern »notwendig real« ist. Das, was abgelichtet wurde, ist gewesen. Wenn wir ein Foto betrachten, wissen wir, dass jemand diese Person, diesen Gegenstand, diese Szene, so gesehen hat.

In diesem noch von all den gegenwärtigen Möglichkeiten digitaler Fotomontage ungetrübten Sinn sind auch Fotos die Statthalter eines Lebens, das vorübergehen wird beziehungsweise schon vorübergegangen ist. Sie verwahren nicht nur die eigentümliche »zweite Natur« der abgebildeten Person, sondern auch einen ganz bestimmten Augenblick: Wie und warum dieser zustande kam, welche Absichten die Fotografin hatte, bleibt ebenso Spekulation wie meine Vorstellungen davon, wie und warum mein Vater und Leo ihre Listen geschrieben haben. Die Listen selbst bezeugen sowohl die Existenz dieser beiden Menschen in ihrer »Einzigartigkeit« als auch die »banale« Tatsache, dass sie geschrieben wurden.

Die Wahrheit von Handschriften besteht darin, dass sie von genau diesen Händen verfasst wurden. Sie dauert, ebenso wie eine Fotografie, über den Tod hinaus an, verleiht aber der Person, für die sie steht und deren Existenz sie beglaubigt, keine »zweite Natur«. Im Gegenteil, Handschriften werden herangezogen, um Identität zu verbürgen, in manchen, etwas obskuren Fällen auch dazu, Rückschlüsse auf individuelle Charaktereigenschaften zu ziehen. Ein Foto hingegen verbürgt sich zunächst nur dafür, dass etwas in diesem Augenblick so gewesen ist. Erst eine Betrachterin oder ein Betrachter kann ihm in Momenten des individuellen und emotionalen Wiedererkennens von Wesenszügen oder bei der Feststellung von Ähnlichkeiten, etwa auf einem behördlichen Ausweis, jene »Einzigartigkeit« verleihen, von der Roland Barthes schreibt.

Ich habe, als ich damals so in meine Angst vor dem Tod verstrickt war, in gewisser Weise Abdrücke genommen von den unzähligen letzten Malen, die ich durchlebte. Ich habe keine Fotografien davon gemacht, ich habe sie innerlich in Bernstein gegossen. Die ganz banalen Momente, die, sobald der Kreisel in mir zu surren begann, in dieses besonders warme und anheimelnde Licht getaucht wurden, erhielten ihre verstörende Einzigartigkeit dadurch, dass ich sie plötzlich als aus meinen gewohnten Lebenszusammenhängen herausgelöst wahrnahm. Ich konnte sie auflesen. Sie standen mir vor Augen wie geronnenes Licht. Alles war darin stillgelegt, stillgestellt. Ich betrachtete die *Nature Morte* meines eigenen Lebens.

Da ich mir meine vertraute Umgebung nicht ganz ohne mich vorstellen konnte, wollte ich diese Momente einsammeln und mit mir führen in das unfassbare Nichts, in das ich mit dem Tod gleiten würde. Anstatt mich selbst, etwa in Form von Fotos, Zeichnungen oder Briefen, zu hinterlassen, bestand ich darauf, dass mir die Welt, die ich ein für alle Mal verlassen würde, ihrerseits etwas hinterließ. Und was hatte sie mir schon anderes zu bieten als mein Leben mit all diesen Augenblicken, die ich mit verzweifeltem Eifer auflas, um sie aufzufädeln und hinüberzutragen in das ganz Anderswo? All meine letzten Male, die zu Perlen geronnen waren, waren zu nichts anderem da, als mich zu

vergewissern, dass es sie gegeben hat. Sie sind da gewesen, ich habe sie erlebt. Und auch wenn ich von ihnen abgelöst war, in ihnen streng genommen nicht mehr vorkam, so trug ich sie doch an und mit mir wie einen Talisman.

Zu Beginn seines Essays schreibt Roland Barthes, dass »Photographien Zeichen sind, die nicht richtig abbinden, die *gerinnen* wie Milch«. Sie können sich nicht restlos von ihrem Gegenstand lösen, er bleibt an ihnen haften.

Ähnlich ist es mit meinen Bernsteinmomenten gewesen: Obwohl sie als Statthalter meiner selbst aus meinen gewohnten Lebenszusammenhängen herausgelöst wurden, standen sie nicht ganz ohne mich für mich. Ich beziehungsweise meine »zweite Natur« verblieb in ihnen. Darin bestand ihr Trost.

Ich denke, es ist dieselbe Art von Trost, die sich in Totenbildern finden lässt, aber nicht in den verwaisten Gegenständen, in den »perplexen und geschrumpften Wohnungen«. Wie das Spiegelbild, in dem die eigene Abwesenheit nicht zu erkennen ist, lösen sie sich augenblicklich von der verstorbenen Person. Sie sind in der Lage, einen Lebenszusammenhang, der nicht mehr besteht, zu dokumentieren, sie überliefern Gewohnheiten, mitunter geheime Verbindungen und Vorlieben. Sie werden zu Zeichen eines vorübergegangenen Lebens, das nicht mehr an ihnen haftet. Die konkreten Lebenszusammenhänge, in denen sie verhaftet waren, gibt es nicht mehr, sie kommen nicht mehr zustande.

Mir hat die Vorstellung von all den zurückgelassenen Dingen, mit denen ich spielte, in denen ich schlief, auf denen ich saß und aus denen ich meinen Frühstückskakao trank, einen immensen Schrecken und eine noch größere Traurigkeit eingeflößt. Nicht, da ich nicht wollte, dass meine Eltern oder mein Bruder angesichts der nun verwaisten Spielsachen, Betten, Stühle und Tassen etwas über mich erfahren würden, das ich vor ihnen verbergen wollte.

Ich trauerte um die Gegenstände selbst, vielleicht, da ich ahnte, dass sie unmittelbar nach meinem Tod zwar noch ganz, aber dennoch »plötzlich entwertet« sein würden. Auch zu meinen Lebzeiten konnte ich sie nicht vor diesem Schicksal bewahren: Dafür hätte ich unsterblich sein, unsterblich werden müssen. Dass das nicht möglich war, stand mir allzu deutlich vor Augen.

4.

Ich hatte den Tod damals beinahe ununterbrochen vor Augen, obwohl ich kein Bild von ihm hatte.

Es fällt mir auch schwer, ein passendes Verb zu finden, wenn ich davon spreche, was er ›macht‹. Zu Beginn erwähne ich, dass er als dunkler Fleck zu einem Zeitpunkt aufgetaucht ist, an dem er niemanden aus meinem Leben genommen hat. Als ich von der Ärztin erzähle, mit der mein Vater seine Chemotherapie geplant hat, schreibe ich, dass sich mein Vater nicht ganz damit abgefunden hätte, dass der Tod ihn einholen würde. Nach »nehmen« ist »einholen« das zweite Verb, das ich verwende, um zu beschreiben, was er tut, wenn er eintritt.

Dass der Tod »eintritt«, ist eine geläufige Wendung, die zur Figur des Sensenmannes passt. Das »Nehmen« macht ihn zu einer Autorität, die das Recht hat, über den Moment zu bestimmen, an dem sie zugreift, an dem sie das, was ihr zusteht, einstreift. Im »Einholen« spiegeln sich zwei Facetten: die des Anglers, der geduldig darauf wartet, dass ein Fisch anbeißt, und jene einer Bewegung, die etwas oder jemandem nachstrebt – so, als wäre der Tod uns ein Leben lang auf den Fersen, bis zu dem Augenblick, an dem wir nicht mehr schnell genug oder zu erschöpft sind, um weiterzugehen. All diese Ausdrücke haben verschiedene Akzente, sie rufen ganz unterschiedliche Vorstellungen von dem Charakter seiner Tätigkeit hervor.

Nachdem Roland Barthes wider Erwarten ein »genaues Bild« seiner verstorbenen Mutter gefunden hatte, wollte er die »zwei Tonlagen« eingehender betrachten, in denen sich die »zweite Natur« einer abgelichteten Person zeigt: in ihrer »Banalität« und in ihrer »Einzigartigkeit«. Ihm ist dabei, als suche er »die Natur eines Verbs, das keinen Infinitiv hätte und das man nur in Verbindung mit Tempus und Modus anträfe«.

Ganz ähnlich geht es mir, wenn ich der Ganz-ohne-mich-Angst in all ihren Akzenten nachdenke. Dabei gerät das, was der Tod tut, oder vielleicht auch das, was ich mir darunter vorstelle, in einen Zusammenhang, der sich nicht ohne konkrete zeitliche Verankerung in einer bestimmten

Aussageweise denken lässt: als käme gerade ihm, den wir so eng mit ›Unendlichkeit‹ in Verbindung sehen, kein Infinitiv zu, als gäbe es keine unbeugsame Form, seine Tätigkeit zu benennen. Er tritt in allen denkbaren Modal- und Zeitformen ein und auf, transitiv oder intransitiv, aber der Infinitiv »töten« ist anderen Subjekten vorbehalten, die ihn herbeiführen, provozieren, verursachen können. Der Tod tötet nicht.

Er ist aber auch nicht nur ein Zustand, eine modale Veränderung, die wir am Ende unseres Lebens erfahren. Er ist Auslöser für Ängste und Hoffnungen, für medizinische Fort- und Rückschritte, für spirituelle Horizonterweiterungen und -verkürzungen. Als solcher agiert er: Er löst aus, bewirkt, setzt Enden, verleiht Sinn oder Unsinn, motiviert oder stürzt in Verzweiflung. In unseren Redensarten begreifen wir ihn als Teil dieser Welt, der handelt, mit dem wir in Gebeten, Anrufungen, Séancen mitunter sogar verhandeln, allerdings oft erst dann, wenn er aus bedrückenden Umständen heraus in unser Blickfeld geraten ist.

VOM ENDE ERZÄHLEN

1.

Es gibt einen weiteren, beinahe ebenso rätselhaften Bestandteil unseres Lebens, der in der Tat nicht für alle gleich ist. Wir wissen, dass es unabdingbar ist, zu schlafen, aber wir konnten bis heute nicht restlos klären, warum. Im Gegensatz zum Tod freilich »heilt« der Schlaf, er »bringt« Ruhe, »verleiht« wieder Kräfte, aber er »übermannt« auch und »fordert« seinen Tribut. Seine Verwandtschaft zum

Tod ist über Jahrtausende hinweg in allen Gegenden dieser Welt in Betracht gezogen worden, das ging, etwa in der griechischen Antike, so weit, dass das Land der Träume, in dem sich die Schlafenden bewegen, als Teil der Unterwelt beschrieben wurde.

In der *grünen Schachtel*, seinem *Buch der Träume,* kommentiert der Architekt und Schriftsteller Bogdan Bogdanović seine Traumnotizen, die er während der Zeit seines Hausarrestes unter dem Milošević-Regime gesammelt hat. Seine Belgrader Wohnung zu verlassen, hätte ihn das Leben kosten können, also verbrachte er einen Großteil seiner Zeit mit Träumen. In einer dieser Notizen schreibt er über Oneiros, den »Hirten der Träume«, dass dieser, im Gegensatz zu Morpheus, der »die Träume gut zu kneten vermag«, »ein naiver Künstler« sei, »weit weniger geschickt, weniger listig und folglich auch weniger gefährlich«. Deshalb »erwählt« er Oneiros, den Leichtsinnigen, zu seinem »Begleiter«. Etwas über Hypnos, »der dem Rang nach der höchste war«, zu notieren, fällt ihm schwer: »Hypnos heißt eigentlich ›Schlaf‹, und der vergöttlichte Schlaf ist der Zwillingsbruder des finsteren Thanatos, was man auch folgendermaßen erklären könnte: Wenn du träumst, ist es, als wärst du bereits halbtot, und wenn du tot bist, Bruder, träumst du womöglich noch ein bisschen ...«

Obwohl Bogdan Bogdanović den heiteren Oneiros als »Begleiter« gewählt hat, konnte ihn der viele Schlaf während seines Hausarrests nicht darüber hinwegtäuschen, dass er, der ehemalige Bürgermeister Belgrads und leidenschaftliche Dozent für Architektur, sowohl aus seinem eigenen als auch aus dem öffentlichen Leben verbannt worden war. Hypnos, mit dessen Hilfe er sich zurückzog und seinen Träumen überließ, überbrachte ihm als »Zwillingsbruder des finsteren Thanatos« die Nachricht, dass er für jene Welt, in der er sich vor kurzer Zeit noch frei hatte bewegen können, zumindest »halbtot« war.

Zu den heikelsten Momenten, in denen ich beinahe ständig an den Tod dachte, gehörten die, in denen ich mich schlafen legen musste. Mit bangem Widerwillen habe ich mich ins Bett gelegt, immer darauf gefasst, dass mich dieses Mal nicht der Schlaf, sondern der Tod »übermannen« würde. Oft bin ich während des Einschlafens hochgefahren, im sanften Hinübergleiten habe ich die Schwelle ausgemacht, über die ich, wenn ich mich nicht mit aller Kraft wachhielt, ein für alle Mal die Welt der Toten betreten würde. Mit rasendem Herzen bin ich zu meinen Eltern gerannt. Dass ich ihre Stimmen hören konnte, versicherte mir, noch nicht gestorben zu sein.

Mein Bruder und ich teilten uns damals ein Zimmer. Wir schliefen in einem Stockbett, das rechts neben der Tür im Eck stand. Als Ältere hatte ich meinen Platz in der oberen Etage, was für den Blick aus dem Fenster am anderen Ende des Zimmers günstig, für die Haus- und Höhlenspiele, die im unteren Teil stattfanden, von Nachteil war. Mein Bruder hatte hier das Sagen. Ich »von oben« konnte nur mit seiner Zustimmung an den Dino-Dinners und Autosalons teilnehmen, die »im Haus«, einem gemütlichen Stoffkämmerchen, das sich mit Seitenteilen aus Leinen, die an den oberen Bettkanten befestigt wurden, bilden ließ, stattfanden.

Mein Bruder war damals fünf, und irgendwann begann er, mir, die ich trotz all der Versicherungen unserer Eltern, dass ich nicht im Schlaf sterben würde, in die Dunkelheit des Zimmers starrte und um alles in der Welt nicht einschlafen wollte, Geschichten zu erzählen. Ich kann mich nicht mehr erinnern, wie es dazu kam. Ich weiß nur, dass er mir Nacht für Nacht von der wunderbaren Insel erzählte, auf der unglaubliche Tiere lebten und die seltsamsten Pflanzen wuchsen. Wenn ich spürte, dass die Panik, am nächsten Tag nicht mehr aufzuwachen, erneut in mir hochkroch, bat ich ihn, mich auf die Insel mitzunehmen. Er erzählte so lange, bis ich eingeschlafen war. Seine Stimme beruhigte mich ebenso wie die Welt, die er sich ausdachte. In ihr war alles möglich. Auf der wunderbaren Insel konnten Fische fliegen und Dinosaurier unbehelligt von Meteoriteneinschlägen ein prächtiges Leben führen. Die Farben der Tiere, der Bäume, Farne und Sträucher verwoben sich zu einem paradiesischen Bild, dem ich mich mit meinen Träumen ohne Angst überlassen konnte: Menschen gab es auf der wunderbaren Insel ebenso wenig wie den Tod.

Vor wenigen Jahren habe ich mit meinem Bruder über diese Zeit gesprochen: Ich habe ihn gefragt, wie es für ihn als Fünfjährigen war, sich Geschichten für seine todtraurige ältere Schwester auszudenken. Er wusste es nicht mehr, die vielen Jahre, die inzwischen vergangen waren, hatten die wunderbare Insel aus seinen Erinnerungen gespült. Was uns beiden in Erinnerung geblieben ist, sind die Geschichten, die uns unsere Eltern vorm Einschlafen erzählt beziehungsweise vorgelesen haben. Da waren die »Bunten Bücher«, großformatige und reich illustrierte Bände, aus denen unsere Mutter so gerne vorgelesen hat. Sie rief sich, indem sie uns die fantastischen Erzählungen in die Ohren legte, jene schönen Momente aus ihrer Kinder- und Jugendzeit in Erinnerung, in denen sie sich ganz und gar dem Lesen hingegeben und sich in andere Welten vertieft hatte. Unser Vater wiederum dachte sich die Gutenachtgeschichten aus. Manchmal durften wir uns die Figuren, die in seinen Geschichten vorkamen, aussuchen: Duna, unsere Brontosaurierdame, graste dann gemeinsam mit dem schwarzen Pferd aus der Fernsehserie auf einer Lichtung; das stärkste Mädchen der Welt steckte unter einer Decke mit dem rothaarigen Kobold, der sich auf alles einen Reim zu machen verstand. Mein Vater erfand auch Figuren wie etwa den Sausewind, der von seinen Reisen über den gesamten Globus berichtete. Schauerliches und Wunderschönes hatte er von dieser Welt zu erzählen, die er stets von oben, von seiner windigen Warte aus, betrachtete.

Gemeinsam war all diesen Geschichten, ob nun aus den »Bunten Büchern« oder die Sausewind-Episoden, dass sie in einem mehr oder weniger losen Zusammenhang mit unserer Lebens- und Erfahrungswelt standen. Auch wenn sich Gegenstände oder Menschen in Fabelwesen verwandelten, auch wenn ein junger, stürmischer Wind plötzlich zu sprechen begann, die tragenden Elemente waren uns vertraute Zusammenhänge: Es gab Kinder und Erwachsene, Häuser, Zimmer, Wälder, Straßen, es gab Frieden und Krieg, Glück und Unglück, Schmerz und Frohmut. Und auch der Tod kam in den Geschichten immer wieder vor. Das Wunderbare an diesen Erzählungen waren die Überraschungen, die Ritzen und Spalten, aus denen jederzeit etwas Geheimnisvolles und Unverständliches hervorkommen konnte. Die Orte, an denen sich normalerweise die kleinen Spuren, die von unseren täglichen Verrichtungen abfallen, sammeln, wurden zu mirakulösen Reservoirs, zu Brutstätten des Fantastischen, das in der Welt, so wie wir sie kannten, plötzlich auftauchen konnte.

Das Wunderbare an der Insel, die sich mein Bruder für mich ausgedacht hatte, bestand hingegen darin, dass sie nichts gemeinsam hatte mit der Welt, in der ich lebte. Den Tod gab es darin nicht. Es waren aber auch keine an den christlichen Paradiesvorstellungen geschulten Bilder, die mir dabei halfen, einzuschlafen. Es gab keine Engel, keine Schlange, keinen Apfelbaum, keine Schuld und keine Erlösung. Die Welt der wunderbaren Insel war so weit entrückt von der unsrigen, dass ich mich und meine Angst darin vergessen konnte. Das Leben auf dieser Insel war von ganz anderer Art. Es bestand nicht angesichts eines Endes – ob nun im Guten oder im Schlechten –, sondern es bestand einfach in seiner ganzen Vielfalt fort. Streng genommen waren es keine Geschichten, die mein Bruder mir erzählte. Es gab keine Handlungsverläufe und keine Spannungsbögen. Was sich dort zutrug, war eingebettet in das, was auch zuvor schon vorhanden gewesen war. Alles dauerte an, ohne Anfang und ohne Ende. Im Grunde waren es Beschreibungen von einer ganz anderen Welt, in der ich nichts verloren und nichts zu verlieren hatte, auch nicht mein Leben.

2.

Wenn ich jetzt diesen Erzählungen von der wunderbaren Insel nachdenke, würde ich sagen, dass mein Bruder zu dieser Zeit mein Oneiros, mein »Begleiter« war, der mir eine Welt eröffnete, die ich frei von meiner Angst betrachten konnte. Von dieser Welt konnte ich träumen, in ihr war der Schlaf nicht der Zwillingsbruder des Todes, vor dem ich auf der Hut sein musste.

Wie ein Fünfjähriger auf die Idee kam, mir ausgerechnet auf diese Weise von der wunderbaren Insel zu erzählen, kann heute niemand mehr mit Sicherheit sagen. Als Kind hatte er, abgesehen von den Gutenachtgeschichten unserer Eltern, nicht so viel übrig für Erzählungen. Lieber saß er stundenlang auf dem Sofa im Wohnzimmer, blätterte die Bände der »Chronik der Weltgeschichte« durch und ließ sich von unserem Großvater, der nach dem Tod meiner Großmutter oft bei uns zu Besuch war, die Bilder und Texte erklären. Vielleicht war er von den nüchternen Schilderungen inspiriert, von der Art und Weise, wie die Ereignisse nicht als Geschichte mit Handlungsverlauf und Spannungsbögen, sondern als Sachverhalte, die in der Geschichte gegeben sind, dargestellt werden.

Mein Großvater interessierte sich sehr für historische Zusammenhänge und er erzählte selbst gerne Geschichten.

Ich habe ihn Mäh-Opa genannt, da er, als ich zwei oder drei Jahre alt war und mit meinen Eltern noch in der Kleinstadt wohnte, mit mir oft zu den Schafen gegangen ist, die in einem Gehege neben der Donau grasten. Bei jedem Spaziergang habe ich befürchtet und doch insgeheim gehofft, dass eines der Schafe blöken würde. Ein Tierlaut, der mich damals erschrocken und gleichzeitig begeistert hat. Wohliges Schaudern an der Hand eines Menschen, dem ich mein vollstes Vertrauen schenkte.

Dieser Großvater hatte zwei Geschichten aus seinem Leben, die er besonders gerne erzählte: In der einen ging es um den schlauen Kater Gucki, den Kater seiner Familie, der sich im Winter ins Vogelhaus setzte und darauf wartete, dass ihm die hungrigen Vögel ins Maul flögen. Bei der anderen handelte es sich um eine wunderbare Rettung durch ein Pferd: Am Ende seiner Schulzeit, kurz vor der Matura, wurde er zur Wehrmacht eingezogen. Dass er dem Marschbefehl nach Russland nicht nachkam, lag daran, dass sein Pferd ausschlug und seine Kniescheibe zertrümmerte. Zeit seines Lebens hatte er Probleme mit seinem Knie, und Zeit seines Lebens liebte er Pferde. Meine Reitstunden als Kind und Jugendliche hat er mir geschenkt.

Dass es auch in dieser Geschichte einen Riss gab, durch den hindurch etwas Unglaubliches in diese Welt treten konnte, habe ich erst viele Jahre später begriffen. Erst, als mir bewusst wurde, dass mein Großvater seiner eigenen Tochter nie etwas vom Zweiten Weltkrieg erzählt hatte, dass seine beiden Enkelkinder in gewisser Weise die Ersten waren, denen gegenüber er, wenn auch in Form einer Anekdote mit gutem Ende, von seiner Zeit als Wehrmachtssoldat sprach – erst dann fiel mir auf, dass an dieser Geschichte etwas nicht stimmte. Wie es zu verstehen war, dass ihm daran gelegen war, seine sechsjährige Enkeltochter auf ein Pferd zu setzen, ihr den Umgang mit jenen Tieren zu ermöglichen, von denen ihn eines so schwer verletzt hatte, dass er sein Leben lang Beschwerden hatte, das konnte ich ihn nicht mehr fragen. Als er starb, war ich vierzehn Jahre alt und hatte mir diese Frage noch nicht gestellt.

Meine Mutter war Anfang zwanzig, als sie zum ersten Mal von den Verbrechen der Nationalsozialisten, von den Konzentrations- und Vernichtungslagern erfuhr. Sie war als Au-Pair-Mädchen in Frankreich und sah dort eine mehrteilige Dokumentation über die Shoah. Weder in der Schule noch zu Hause hatte irgendjemand darüber gesprochen. Der Geschichtsunterricht endete vor dem Ersten Weltkrieg und die wenigen Schilderungen meiner Großmutter vom Krieg bezogen sich auf die Bombenangriffe der Alliierten, auf die Angst davor, von dem langen Schlangestehen vor den Lebensmittelgeschäften nach Hause zu kommen und ein zerstörtes Wohnhaus vorzufinden. Diese Angst zu schildern, dafür hatte meine Großmutter die Kraft.

Dass mein Großvater eine Zeit lang in französischer Kriegsgefangenschaft war, wusste meine Mutter. Dass er sich während dieser Zeit ein paar französische Ausdrücke angeeignet hatte, die er, wenn er während ihres Au-Pair-Aufenthaltes in Paris anrief, liebend gern anwandte, auch.

Wie sich diese Zuneigung zu einer Sprache, mit der er ausschließlich in Gefangenschaft in Berührung kam, erklären lässt, wissen wir nicht. Ebenso wenig wissen wir, ob es sich bei dem Unfall mit seinem Pferd tatsächlich um einen Unfall handelte, oder ob er nicht doch nachgeholfen hatte, um sich der Wehrpflicht und dem Marschbefehl nach Russland zu entziehen. Schließlich war er ein junger Mann, der sein ganzes Leben vor sich hatte. Und im Gegensatz zu seinem Bruder, dem Lieblingssohn meiner Urgroßmutter, der sich, wie es in der Familienüberlieferung hieß, in allen Bereichen auszeichnete – »der Erich war gut in der Schule, er war beliebt bei den Mädchen, konnte gut tanzen und musizieren und war außerdem sehr angesehen in der Hitlerjugend« –, schien mein Großvater wenig ambitioniert gewesen zu sein, was nationalsozialistische Organisationen betraf. In seiner Hinterlassenschaft finden sich keine Hinweise auf eine Mitgliedschaft, weder in der NSDAP noch in der Hitlerjugend oder der SS. Ein Parteibuch der Sozialdemokratischen Partei Österreichs zeugt von seinen Wahlgewohnheiten nach 1945. Das Mutterkreuz, das seiner Mutter verliehen wurde, habe ich im Nachlass eines weiteren Bruders, des ältesten der insgesamt fünf Brüder, gefunden.

Hinter den Geschichten, die uns Menschen von sich und ihrem Leben hinterlassen, verschwimmen die Vorstellungen, die wir von ihnen hatten. Das, was wir von ihnen zu wissen glaubten, wird ungewiss. Es werden die Risse und Spalten sichtbar, die immer schon da gewesen waren, die wir aber nun, da dieser Mensch gestorben ist, nicht mehr schließen, nicht mehr mit neuen Erkenntnissen ›aus erster Hand‹ verspachteln können. So löst sich nach und nach die Erinnerung an den Menschen von den Geschichten, die von ihm überliefert werden. Die erzählten Auszüge aus einem individuellen Leben verflüssigen sich, sie fließen in weitere historische Zusammenhänge und betten sich in den Verlauf ›der‹ Geschichte ein.

In Anbetracht der relativen Häufigkeit, mit der Wehrmachtssoldaten sich absichtlich verletzt haben, um nicht mehr in den Krieg für die Nationalsozialisten ziehen zu müssen, verrutscht die Geschichte von der wunderbaren Rettung durch das Pferd zur Schilderung einer geglückten, wenn auch temporären Fahnenflucht. In Übereinstimmung mit dem Bild, das wir, seine Tochter und seine Enkelkinder, von meinem Großvater hatten, lässt sich diese Möglichkeit nur schwer bringen: Dass ausgerechnet mein Mäh-Opa, ein sanfter, gewissenhafter, in seinen Gewohnheiten und in seiner Ordnungsliebe etwas schrulliger Mann, sein Leben aufs Spiel setzte, um den Marschbefehl nach Russland zu verweigern, ist kaum vorstellbar. Andererseits hatte er wohl, wie viele andere Soldaten[3], eine Ahnung davon, was ihn bei diesem sogenannten Russlandfeldzug erwarten würde. Und ein Pferd war ein durchaus geeigneter konspirativer Compagnon.

Außerdem war ein Unfall beim Auskratzen der Hufe oder beim Bandagieren der Fesseln nichts Ungewöhnliches, das sofort Verdacht erregt hätte. Ein Klaps auf die Flanken, der auch ein vertrautes Tier erschreckte und es ausschlagen ließ, war kaum nachzuweisen.

Bei seinem Bruder, meinem Großonkel Erich, hingegen ist ein wie in Stein gemeißeltes Bild von einem in allen Bereichen begabten jungen Mann brüchig geworden, sobald es in weitere historische Zusammenhänge gestellt wurde. Ich habe diesen Onkel Erich nie kennengelernt, er ist im Zweiten Weltkrieg gestorben. Meine Erinnerungen an ihn kann ich also nicht mit den überlieferten Erzählungen abgleichen. Es ist in diesem Fall auch nicht meine Vorstellung von ihm, die ins Rutschen geraten ist, sondern vielmehr die Art und Weise, wie von der Vergangenheit meiner Familie erzählt wurde. »Der Erich war ein Mann

---

3 Wie ich aufgrund eines Gesprächs mit dem Filmemacher Ascan Breuer erfahren habe, wurde die Feldpost der Wehrmachtssoldaten kaum zensiert: Der Grund dafür war, dass die Moral der Soldaten durch den verhältnismäßig freien und offenen Kontakt zu ihren Angehörigen gestärkt werden sollte. Dadurch gelangten durchaus realistische Schilderungen von den Kriegsereignissen in Russland nach Deutschland und Österreich. In seinem Multimediaprojekt *Starless in Stalingrad* arbeitet Ascan Breuer anhand der rund hundert Feldpostbriefe, die sein Großvater zwischen Juni 1942 und Januar 1943 aus der damaligen Sowjetunion an seine Frau geschrieben hat, die Geschichte dieses »Feldzuges« auf.

von Welt«, hieß es immer. Nur dass es sich um eine verbrecherische und grausame Welt handelte, in der er sich so gewandt bewegte, das wurde zugunsten einer glänzenden individuellen Lebenserzählung geflissentlich übersehen.

Manchmal spüre ich die Verlockung, die darin besteht, das fragwürdige Heldenbild meines Großonkels durch ein zeitgemäßeres von meinem Großvater zu ersetzen: Würde ich die Möglichkeit seiner Fahnenflucht in ein erzählerisches Relief gießen, dann würde ich den Riss in seiner Pferdegeschichte erweitern, ich würde ihn mit allen möglichen historischen Belegen und Wahrscheinlichkeiten ausstaffieren, bis schließlich sowohl mein Großvater als auch seine Erzählung darin verschwinden würden. Das Standbild meines HJ-Großonkels könnte ich dann ersetzen durch jenes meines Wehrmachtsdeserteurgroßvaters, meine Familiengeschichte würde dabei eine Wendung nehmen, die mir um einiges besser gefiele und die ich auch lieber erzählen würde.

»Die Dahingegangenen aber sind [...] unendlich fügsam. Keine Interpretation, gegen die sie sich wehren, keine Demütigung, gegen die sie aufbegehren würden«, schreibt Maria Stepanova in *Nach dem Gedächtnis.* »Die sanfte Gleichmut, mit der diese alles dulden, was wir ihnen antun, provoziert die Lebenden, immer weiter zu gehen« – auch dabei, die Risse in ihren Geschichten nach eigenem Ermessen zu glätten. Dadurch verschwindet die Möglichkeit, dass es in diesem Leben etwas Undenkbares, etwas Geheimnisvolles und Unverständliches gegeben haben könnte, etwas, das sich nicht mit letzter Gewissheit sagen lässt. »Die Gegenwart ist sich ihrer Besitzrechte an der Vergangenheit so sicher, wie man einst der Herrschaft über beide Indien sicher war, ohne viel über sie zu wissen. Die Gespenster, die über die Staatsgrenzen hin und her wandern, bemerkt sie kaum.«

Das Verstörende und zugleich Tröstliche an dem Riss in der Geschichte meines Großvaters ist die neue Dimension, die meine Erinnerung an ihn dadurch bekommt. Ob er sich nun absichtlich verletzt hat oder nicht: Er hatte eine Wahl, die er, vielleicht schon als 21-Jähriger, in jedem Fall aber später als Großvater, in Anspruch nahm. Die Erzählung von seiner wunderbaren Rettung durch ein Pferd war eine Erzählung gegen den Krieg. Er hatte nie einen Hehl daraus gemacht, wie erleichtert er gewesen war, als Wehrmachtssoldat nicht nach Russland gehen zu müssen. Von Heldenmut und Heldentod war keine Rede.

3.

Die Risse in den Geschichten entstehen durch zeitliche Abfolgen, die ins Stocken geraten, durch historische Kontexte, in denen sich Widersprüchliches zeigt, durch Verkettungen von Ursache und Wirkung, die durchbrochen, verschoben oder umgekehrt werden. Selbst die unwahrscheinlichsten und fantastischsten Geschichten sind der Welt, in der wir leben, mit all ihren sozialen Gepflogenheiten und Naturgesetzen verpflichtet.

Die wunderbare Insel hingegen hat mein Bruder, mein damaliger Oneiros, vor mir ausgebreitet wie einen Teppich, auf dem es unendlich viel zu entdecken gab. Dieser Teppich war gleichzeitig Vehikel und Ziel unserer allabendlichen Reise, auf der ich meine Angst vor dem Tod beiseitelassen konnte. Vor dem Einschlafen flogen wir durch Zeit und Raum, ohne ihren Gesetzen unterworfen zu sein.

Meine Freundin Regine hat mich, als ich ihr von meinem Nachdenken über den Tod und von der wunderbaren Insel erzählte, darauf aufmerksam gemacht, dass es ihrem dreijährigen Sohn noch schwerfiele, Wörter wie *wenn*, *wann*, *weil* zu verwenden. Was er erzählt und fragt, hat keine bestimmte Dauer, keinen festgelegten Ablauf. Am liebsten hat er es, wenn Geschichten aus seinem eigenen Leben in unzähligen Varianten wiederholt werden. Es gefällt ihm, wenn das Möglichkeitsreservoir ausgeschöpft wird, wenn von ihm Erlebtes immer und immer wieder auf eine jeweils unterschiedliche Weise durchgespielt wird.

Vielleicht sind es eben solche Wiederholungen, die uns einerseits in dieser Welt verankern und die es uns andererseits erlauben, die Zeit ins Unendliche zu dehnen. Die großen Bücher, in denen eine Erzählerin oder ein Erzähler antritt, um dem Tod zu entkommen beziehungsweise um von ihm abzulenken, versammeln allesamt mehrere Geschichten. Es sind nicht deren Inhalte, die sich wiederholen, sondern der Akt des Erzählens selbst. Ob nun im Palast eines grausamen Sultans oder am Rande einer Stadt, in der die Pest wütet, erzählt wird: Während des Erzählens verstreicht die Zeit, ohne dass in ihr das unabwendbare Ende in Form eines vollstreckten Todesurteils oder einer Infektion mit einer tödlichen Krankheit stattgefunden hätte.

Lange Zeit dachte ich, dass es die Grundstruktur des Erzählens sei, sich gegen den Tod zu wenden. In diesem trotzigen Aufbegehren habe ich prominente Begleiter gefunden. Dass ich, was ich heute seltsam finde, auf keine Begleiterinnen gestoßen bin, mag auch daran liegen, dass ich mich damals, in meinen Jugend- und jungen Erwachsenenjahren, durch Schule und Universität einem Kanon verpflichtet fühlte, in dem es wenig Platz für Schriftstellerinnen gab. Der wortgewandte Trotz von Elias Canetti, mit dem er den Tod gehasst hat und den ich mir leidenschaftlich zum Vorbild genommen habe, hat mich geflissentlich über die misogynen Züge seiner Texte hinwegsehen lassen. Jener Halbgott wiederum, der den Tod in mehreren Versionen der alten griechischen Legende in Ketten gelegt haben soll, ist mir im *Mythos des Sisyphos* von Albert Camus derart ans Herz gewachsen, dass ich ihn jahrelang bei so gut wie allen Gesprächen, in denen es um ›etwas‹ ging, die sich also um den Zustand der Welt, seine Veränderbarkeit, um Leben und Tod im Allgemeinen drehten, zitierte. Die hellsichtige Vergeblichkeit, mit der er gegen das Urteil der Götter rebelliert, ist mir zum großen Vorbild im Hinblick auf unsere Sterblichkeit geworden.

Die Frage nach dem »Problem des Selbstmords«, die in Camus' Essay ausführlich verhandelt wird, stellt sich mir heute, nachdem sich mein Freund Leo entschieden hat, seinem Leben ein Ende zu setzen, anders und viel konkreter als damals, als ich in meinen frühen Zwanzigern den Zusammenhang zwischen der Absurdität unserer Existenz und diesem individuellen »Problem des Selbstmords« zumindest auf dem Papier zu durchschauen glaubte.

Mit der Zeit sind andere Begleiterinnen in mein Leben getreten. Ich habe Bücher und Texte zu lesen begonnen, in denen der Tod nicht zum Fluchtpunkt jeder Schreib- und Erzählbewegung geronnen ist. Er tritt darin vielmehr durch jene Spalten und Risse ein und auf, durch die hindurch Undenkbares, Geheimnisvolles und Unverständliches in ein Leben gelangt. In den Texten von Annie Ernaux, Audre Lorde, Marie N'Diaye, Natascha Wodin, Rose Ausländer oder Christa Wolf sind es keine metaphysischen Rebellionen, sondern physische, die auf sehr unterschiedliche Weisen und auf verschiedenen Ebenen verhandelt werden. Dadurch, dass sich das Leben nicht nur als Ausdruck einer individuellen Existenz, sondern als komplexes Gewebe von sozialen, historischen sowie körperlichen Voraussetzungen, persönlichem Empfinden und Zufällen in diesen Texten verkörpert, erhält auch der Tod seinen Raum, ohne dass er verteufelt oder gar verklärt werden würde.

Das erste Buch, das mir meine Mutter in die Hand drückte, als mich die Angst so sehr im Griff hatte, war *Die Brüder Löwenherz* von Astrid Lindgren. Sie hatte ausführlich recherchiert und sich in mehreren Buchhandlungen beraten lassen, um herauszufinden, welches Buch für eine Achtjährige, die sich unbändig vor dem Tod fürchtete, geeignet sein könnte.

Karl Löwe erzählt darin von seinem älteren Bruder Jonathan und von den Abenteuern, die sie gemeinsam erleben. Karl, von Jonathan liebevoll »Krümel« genannt, ist ein schwer krankes, nicht besonders hübsches und ängstliches Kind. Durch Zufall erfährt er, dass er bald sterben wird. »Alle haben es gewusst, nur ich nicht.« Um ihm die Angst vor dem Tod zu nehmen, erzählt ihm sein Bruder von Nangijala, einem fabelhaften Land, in das er gelangen würde, sobald er gestorben sei. Dort könne er gesund und ohne Sorgen ein prächtiges Leben führen. Die Freude und Erleichterung, die Karl zunächst empfindet, wird jedoch bald von einem Abschiedsschmerz getrübt: Jonathan müsse er auf der Erde zurücklassen, stellt er traurig fest, woraufhin ihm sein Bruder versichert, dass er nachkommen werde.

Schließlich ist es Jonathan, Karls schöner, mutiger und allseits beliebter Bruder, der ihm, dem Todkranken, nach Nangijala vorausgeht: Während eines Wohnungsbrandes rettet Jonathan Karl durch einen Sprung aus dem zweiten Stock aus den Flammen und stirbt dabei. Karl spürt, dass es den meisten lieber gewesen wäre, wenn er, und nicht sein Bruder, umgekommen wäre. Als er selbst nach Nangijala kommt, findet er alles so vor, wie es ihm Jonathan beschrieben hat. Eine Zeit lang führen die beiden Brüder Löwenherz – diesen Namen verdanken sie dem auch in dieser fabelhaften Welt sprichwörtlich gewordenen Löwenmut Jonathans – ein ruhiges und glückliches Leben. Doch auch Nangijala wird von Habgier und Gewalt heimgesucht. Ein grausamer Tyrann fällt in das Nachbartal ein und errichtet eine hohe Festungsmauer. Die Bewohnerinnen und Bewohner werden unterdrückt und versklavt. Jonathan schmiedet gemeinsam mit Sophia, der Taubenkönigin, Pläne, um das Tal zu befreien. Karl entschließt sich immer wieder aufs Neue, seinen Bruder, ohne den er sich sein Leben nicht mehr vorstellen möchte, bei gefährlichen Unternehmungen zu begleiten und, was er sich selbst zuvor niemals zugetraut hätte, zu unterstützen. Am Ende wird der Tyrann in einem erbitterten Kampf, an dem sich alle aus dem unterdrückten Tal beteiligen, zwar besiegt, strahlende Sieger aber gibt es keine. Karl und Jonathan verlieren Freunde und Gefährtinnen im Krieg, der giftige Atem des bösen Drachen Katla lähmt Jonathan, der sich fortan nicht mehr bewegen kann. Die Entscheidung, Nangijala zu verlassen, um in ein weiteres fabelhaftes Land zu ziehen, treffen Karl und Jonathan gemeinsam. Dieses Mal ist es aber Karl, der seinen Bruder auf den Rücken nimmt und mit ihm in die tiefe Schlucht springt. Das Buch endet damit, dass Karl während des Sprungs zu seinem Bruder sagt: »Ich sehe das Licht, Jonathan, ich sehe das Licht.«

Die Erinnerungen an meine erste Begegnung mit den *Brüdern Löwenherz* sind verschwommen. Ich erinnere mich an den blauen Schutzumschlag der Hardcover-Ausgabe, daran, dass ich beim Lesen viel geweint habe sowie an die tiefe Zuneigung, welche die Brüder zueinander empfunden haben. Von der Abenteuergeschichte habe ich nur behalten, dass sie packend war und dass Pferde darin vorkamen.

Wenn ich heute, mehr als dreißig Jahre später, das Buch wieder zur Hand nehme, finde ich es bemerkenswert, auf welche Weise Angst und Mut, Liebe und Trost darin verhandelt werden. Das beginnt mit der Perspektive, von der aus erzählt wird: Nicht der tapfere Held ist es,

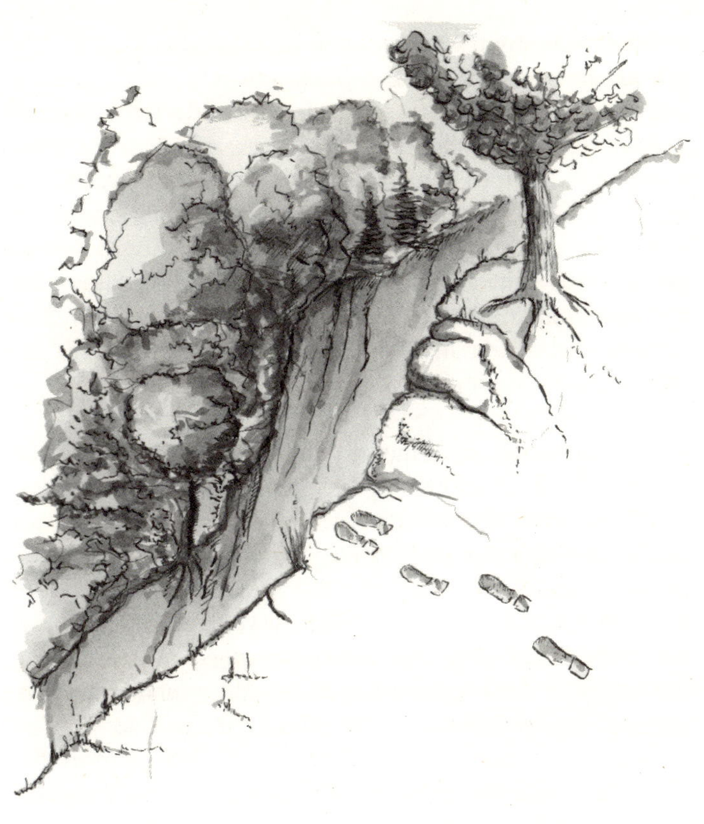

der seine Geschichte erzählt, sondern der schwer kranke, ängstliche »Krümel«. Seine Angst überwindet er immer wieder aus Liebe zu seinem Bruder, wobei auch dessen Mut nicht Selbstzweck ist. »Wenn du manchmal nicht etwas Gefährliches tust, bist du kein Mensch, sondern nur noch ein Häufchen Dreck.« Diesen Satz Jonathans wiederholt Karl im Laufe der Geschichte immer wieder. Mut ist für die beiden kein Ausdruck von Kampfeslust und Siegeswillen, sondern von Menschlichkeit. Jonathan beteiligt sich auch nicht am

Befreiungskampf. Er könne nicht töten, sagt er zu dem Anführer, den sie zuvor aus der Gefängnishöhle des Tyrannen befreit haben. Für Karl ist es die Liebe zu anderen, zu seinem Bruder, zu Sophia, der Taubenkönigin, oder zu Matthias, einem alten Mann, der im tyrannisierten Tal lebt, die ihn über sich hinauswachsen lässt. Kein einziges Mal inszeniert er sich dabei als Held: Er berichtet von seiner Angst, die ihn immer wieder überkommt, und gesteht sich ein, dass er lieber davongelaufen wäre. Der stets aufs Neue gefasste Entschluss »kein Häufchen Dreck« sein zu wollen, kostet ihn jedes Mal viel, das erzählt er unumwunden.

Heute denke ich, dass meine Mutter eine sehr glückliche Entscheidung getroffen hat, mir dieses Buch zu geben. Meine Eltern wussten damals nicht, dass auch mein Bruder mir Nacht für Nacht von einem wunderbaren Ort erzählte, um mich von meiner Angst vor dem Tod abzulenken. Ich wiederum weiß nicht, wie viel sie damals von den Diskussionen rund um Astrid Lindgrens *Brüder Löwenherz* mitbekommen hatten beziehungsweise wie virulent diese damals waren. Es ging, so lese ich heute, vor allem darum, dass der Tod aus der Sicht einiger Kritikerinnen und Pädagogen in diesem Buch verherrlicht würde, deshalb sei es keine passende Lektüre für Kinder. Das Missverständnis dabei liegt vor allem am Ende, wenn Karl mit dem gelähmten Jonathan am Rücken in den Abgrund springt. Dass diese Szene als eine Art Verharmlosung oder möglicherweise sogar Aufruf zum Suizid zu verstehen sein soll, ist in Anbetracht der Erzählung zuvor schwer nachzuvollziehen. Karl verabschiedet sich aus diesem Leben, nachdem er sich mit seiner Angst – auch mit jener vor dem Tod – ausgesöhnt hat. Er fühlt sich handlungsfähig und nicht mehr ausgeliefert.

Vielleicht ist es gerade das, was manche Kritikerinnen und Pädagogen an diesem Buch so verstört hat: Es weigert sich, die Illusion, dass alles Böse – auch der Tod – besiegt werden könne, zu bedienen. Es gibt in dieser Geschichte keinen endgültigen Sieg, weder über den Tod noch über das, was ein Tyrann Schreckliches in diese Welt gesetzt hat. Alle sind gezeichnet davon, auch die beiden Brüder. Dargestellt werden keine heldenhaften oder gar paradiesischen Vorstellungen von Erlösung, sondern jene Bedingungen, unter denen Menschen wie Menschen und nicht wie ein »Häufchen Dreck« leben – und sterben – können. Es geht nicht darum, den Leserinnen und Lesern, ob sie nun Kinder oder Erwachsene sind, die Angst vor dem Tod zu nehmen. Dass es ihn gibt, ist unbestreitbar. Sein Gewicht ist ebenso wenig zu leugnen wie der Umstand, dass niemand etwas Bestimmtes über ihn sagen kann.

Als Karl zufällig erfährt, dass er bald sterben wird, fragt er seinen Bruder, ob er denn auch schon wisse, dass er nicht mehr lange zu leben habe. Jonathan bedient sich keiner Notlüge: »Ja Krümel, ich weiß es.« Dieses Gespräch, Karls Konfrontation mit seinem bevorstehenden Tod, ist der Ausgangspunkt für die Geschichte von Nangijala. Und Nangijala ist wiederum der Ort, an dem Karl lernt, mit seinen Ängsten umzugehen, mit ihnen auf eine Art und Weise zu leben, die es ihm erlaubt, »ein Mensch und kein Häufchen Dreck« zu sein.

4.

»Ich habe das Heldenhafte in all seinen Schattierungen immer gehasst, doch das heißt nicht, dass ich ihm nie unterlegen gewesen wäre«, schreibt Anne Boyer in ihrem Essay *Die Unsterblichen,* in dem sie die Zusammenhänge von *Krankheit, Körper, Kapitalismus* entlang der Geschichte ihrer eigenen Krebserkrankung auslotet: »Die allgemeine Mühsal muss durch ein Sieb der Formen, die uns zur Verfügung stehen, um sie zu erzählen, und ehe man sich versieht, wird das geläufige und geteilte Leiden dieser Welt verkürzt, Gespinst, seidendünn und so außergewöhnlich wie die Sprache, die es braucht, um von ihm zu sprechen.«

Die Vereinzelung eines Schicksals, wie sie oftmals in literarischen und dokumentarischen Erzählungen, aber auch in Werbespots und Ratgeberbroschüren vorgenommen wird, lässt das Verhältnis zum Tod zu einem rein individuellen gerinnen: Der Kampf gegen ihn lastet auf den Schultern einer einzelnen Person, deren vornehmste Aufgabe es ist, sich entweder all der von einer spätkapitalistischen Gesellschaft zur Verfügung gestellten Mittel oder einer besonders feinsinnigen Darstellungsweise ihrer Leiden zu bedienen. Der jeweilige Preis dafür spielt keine Rolle – als müssten alle Menschen in der Lage sein, ihn zu bezahlen. Anne Boyer formuliert es folgendermaßen: »Intensiv empfundenes Leiden wird nur in einem Fall zugestanden – der eleganten Expertise einer somnambulen, blassen Lebensschwäche-Noblesse – und seine Erzählung erweist es, ungeachtet der Realität, als ein Vermögen eben jener Klasse.«

Karl und Jonathan Löwe gehören nicht dieser sozialen Klasse an. Auf Erden leben sie in äußerst kargen Verhältnissen, und auch ihre glückliche, ruhige Zeit im fabelhaften Nangijala ist weniger von materiellem Besitz als von tragfähigen Beziehungen zu anderen Menschen geprägt. Dementsprechend schildert Karl auch nicht in Form »einer somnambulen, blassen Lebensschwäche-Noblesse« seine Ängste und Leiden. In seiner Erzählung verkörpern sich diese, werden anschaulich und nachvollziehbar. An ihnen ist nichts Außergewöhnliches oder gar Heldenhaftes. Karls Körper reagiert auf Angst wie alle Körper dieser Welt, ohne dass er ihm ein besonderes Symptom, das ihn als überdurchschnittlich empfindsam ausweist, abringen müsste.

»Jede Person mit einem Körper sollte schon zur Geburt ein Handbuch des Sterbens erhalten«, schreibt Anne Boyer. Als sie erfährt, dass der Brustkrebs, an dem sie erkrankt ist, nicht auf eine genetische Veranlagung zurückzuführen ist, sagt sie zu ihrer Tochter, »dass sie sich keine Sorgen machen müsse, durch einen genetischen Fluch oder anderweitig anfällig zu sein«. »Du hast den Fluch vergessen«, antwortet die Tochter daraufhin, »dass ich immer noch in der Welt lebe, die dich krank gemacht hat.«

Darüber, wie dieses »Handbuch des Sterbens« gestaltet sein könnte, ob es Sterblichkeit als eine *Conditio sine qua non* jeder Lebensform innerhalb oder außerhalb konkreter historischer, ökologischer und sozialer Verhältnisse beschreibt, erfahren wir an dieser Stelle nichts. Anne Boyers Essay allerdings zeigt insgesamt, wie fatal es ist, die Perspektive darauf, eines Tages sterben zu müssen, als eine überzeitliche, von äußeren Faktoren unabhängige zu betrachten. Dies nimmt den Menschen, die sich aufgrund von lebensbedrohlichen Situationen unmittelbar mit dem Tod konfrontiert sehen, buchstäblich Zeit und Raum.

Dass wir nicht so gerne wissen wollen, wie die Geschichte unseres Lebens enden wird, liegt auch daran, dass wir den Tod als kein gutes Ende betrachten, unabhängig davon, zu welchem Zeitpunkt und unter welchen Umständen er in unsere Leben tritt. In unseren Breiten ist es geradezu unvorstellbar, dass jeder Mensch, der gerade auf die Welt gekommen ist, mit seinem unausweichlichen Ende konfrontiert werden soll – das zeigt sich unter vielen anderen Beispielen auch in den Diskussionen rund um *Die Brüder Löwenherz*.

Wie schwierig es ist, eine Geschichte enden zu lassen, ohne gerade jene Verhältnisse festzuschreiben, »die uns überhaupt dazu gebracht haben, etwas sagen zu wollen«, davon kann ich als Schriftstellerin ein Lied singen. Um, wie Anne Boyer trotzig schreibt, keine literarische »Propaganda zu betreiben für die Welt, wie sie ist«, ist es unabdingbar, am Ende nicht alle Fäden in gewohnter Manier zusammenlaufen zu lassen. Egal wie utopisch und revolutionär eine Erzählung in ihrem Verlauf anmuten mag, egal durch wie viele Risse und Spalten Undenkbares, Geheimnisvolles und Unverständliches in die Welt tritt: wenn am Ende ein strahlender Held übrig bleibt, der alles Böse besiegt und seine Gegner niedergeschlagen hat, wenn eine Frau am Ende mit einem Mann verheiratet oder getötet wird, wenn sich am Ende all die Befreiungsbewegungen, die für ein besseres Leben eingetreten sind, in einer neuerlichen Tyrannei erschöpfen, dann werden die Handlungen, die zuvor gesetzt wurden, um etwas an den bestehenden Verhältnissen zu ändern, zurückgenommen. Die Erzählung wird im buchstäblichen Sinn reaktionär.

Wie es nun möglich ist, das Ende einer Erzählung, eines Romans oder eines Gedichts in einer Weise offenzuhalten, die weder ausfranst noch sich darin verliert, etwas nahezulegen, das sich in den Köpfen der Leserinnen und Leser erst recht wieder ins Altbekannte und Vorgegebene fügt, das zählt für mich zu den größten und auch am schwierigsten zu lösenden Aufgaben als Schriftstellerin.

Mein letzter Roman ist einen Monat, bevor mein Vater starb, erschienen. Am Schluss ihrer Erzählung stellt die Schelmin Mira darin fest, dass jedes Ende nur ein vorläufiges sei, »eines, an dem sich anknüpfen, an dem sich weiterspinnen lässt«.

Am letzten Tag, an dem mein Vater bei Bewusstsein war, bin ich, nachdem mein Bruder und meine Mutter nach Hause gefahren waren, um sich auszuruhen, bei ihm am Krankenhausbett gesessen. Das Zimmer, in dem er alleine lag, war geräumig und hell. Neben dem Bett am Fenster befand sich ein breites Sofa mit orangenem Stoffbezug. Ein Tisch und vier Stühle standen auf der anderen Seite. Die Bilder an den Wänden zeigten Landschaften, die in weiter Ferne in einen wolkengesprenkelten Himmel übergingen. Abgesehen von den Infusionen und dem Sauerstoffschlauch gab es keine medizinischen Geräte: keine Herz-Kreislauf-Maschine, keine Monitore, die den Blutdruck, den Pulsschlag, die Atemfunktion angezeigt hätten. Es hatte eine Weile gedauert, bis ich begriffen hatte, dass mein Vater in einem Palliativ-, in einem Sterbezimmer lag. Diese Beobachtung habe ich weder mit meinem Bruder noch mit meiner Mutter geteilt. Ich trug sie lieber im Stillen mit mir herum. Schließlich saß auch in einem Winkel meines Herzens trotzig die Hoffnung, dass mein Vater die nächsten Tage überleben würde, dass er sich von der akuten Lungenentzündung erholen und die Therapie gegen den Krebs beginnen könnte.

Als wir, mein Vater und ich, so dasaßen, er aufgerichtet im Bett mit dem Schlauch in der Nase und in seinem Krankenhaushemd, ich am Plastikstuhl mit dem bunten Schal, den ich mir in der Früh noch hastig um den Hals gewickelt hatte, nachdem der Anruf aus dem Krankenhaus gekommen und ich mit meinem Lebensgefährten Andreas gemeinsam zum Bahnhof aufgebrochen war, sagte er zu mir: »Jetzt sitzen wir wieder so da.« Er bezog sich auf die Wochen nach seiner Lungentransplantation, als ich ihn jeden Tag auf der Intensivstation besucht hatte und wir, ganz ähnlich wie an diesem Tag, einander gegenübersaßen und die Zeit verstreichen ließen. Dass es dieses Mal anders war, wussten wir beide. Damals erholte er sich von einer Operation, die gut verlaufen war. Die Zeit arbeitete für ihn, für seine Heilung. Nun aber hatte sich die Hoffnung, dass es ihm wieder besser gehen würde, auf einen kleinen wunden Punkt zurückgezogen. Seine Zeit lief ab, das wollte niemand von uns aussprechen.

Am liebsten wären wir wohl beide weiterhin so dagesessen, ganz dem Verlauf der Zeit hingegeben, der uns schließlich doch noch an ein gutes Ende führen würde. Für meinen Vater wurde es aber zusehends anstrengender, wach zu bleiben und hin und wieder ein paar Worte zu wechseln. Also schlug ich vor, ihm etwas vorzulesen. Der Gedanke kam mir plötzlich, vermutlich im Anflug einer Erinnerung an die Gutenachtgeschichten, die das Einschlafen erleichtert und das Abtauchen in Traumwelten so angenehm gemacht hatten. An die wunderbare Insel dachte ich an diesem Nachmittag nicht.

Mein Vater freute sich über den Vorschlag und drückte mir das Buch, das neben ihm auf dem Beistelltisch lag, in die Hand. Ich sollte ihm das letzte Kapitel aus meinem neuen Roman vorlesen. Er habe es bis dahin geschafft, nun wolle er wissen, wie die Geschichte von Mira ausgehe. Während der ersten Seiten fiel mir das Vorlesen leicht. Ich versank in Miras Erzählung von ihren Erlebnissen in Havanna. Es war beinahe so, als würde ich nicht aus einem Roman, den ich selbst geschrieben hatte, sondern eine Geschichte aus einem der »Bunten Bücher« vorlesen, so entrückt schien mir die Handlung von der Situation, in der ich mich gerade befand. Doch gegen Ende hin verlor ich die Fassung. Meine ganze Konzentration galt meiner Stimme, von der ich nicht wollte, dass sie brach. Ich wollte nicht, dass mich mein Vater, der mit geschlossenen Augen im Bett lag, weinen hörte. Mein Körper sprach das aus, was alle wussten, was wir aber nicht in Worte kleideten. Darauf hatten wir uns stillschweigend geeinigt.

Ich habe mich noch nie für einen Satz, den ich geschrieben habe, dermaßen geschämt wie für jenen über das vorläufige Ende. Als ich ihn an diesem Nachmittag meinem Vater, der bald sterben würde, vorlas, konnte und wollte ich nicht begreifen, wie leichtfertig ich einen derartigen Satz schreiben konnte. Für einen todkranken, sterbenden Menschen gibt es kein vorläufiges Ende, an dem sich »anknüpfen lässt«, wie zynisch und dumm musste das in seinen Ohren klingen. Über Monate hinweg habe ich mir nicht verzeihen können, dass ich meinem Vater zwei Tage vor seinem Tod ausgerechnet diesen Satz vorgelesen habe. Ich hätte ihn überspringen oder abändern müssen. Am besten wäre es gewesen, ich hätte ihn gar nicht geschrieben.

Ein paar Mal ist es mir passiert, dass der Schmerz darüber in Gesprächen mit Freunden und Kolleginnen hervorbrach: Alle versuchten mich zu beruhigen, mir zu versichern, dass es an diesem Satz nichts Zynisches oder Unbedachtes gäbe und dass mein Vater ihn gewiss nicht so verstanden hätte.

Es dauerte etliche Monate, bis ich meiner Mutter und meinem Bruder davon erzählte. Ich wollte sie mit meinen bangen Gedanken daran nicht behelligen. Und ich schämte mich weiterhin zu sehr dafür. Meine Mutter war es schließlich, die mich daran erinnerte, wie tröstlich es damals für mich gewesen war, die Stimme meines Bruders zu hören, als mich die Angst vor dem Tod so geplagt hatte. Ich bestand noch auf den Unterschied zwischen einer, wenn auch kindlichen, so doch abstrakten Todesangst und der Gewissheit, bald tatsächlich sterben zu müssen. Doch sie meinte nur, dass es meinem Vater auf jeden Fall geholfen hätte und dass für sie wie auch für ihn, davon sei sie überzeugt, viel Trost in diesem Satz gelegen hätte. Das hat auch mich getröstet.

Zwei Tage später habe ich meinem Vater noch einmal eine Geschichte erzählt. Andreas und ich hatten die Nacht davor bei ihm im Krankenhaus verbracht. Wir hatten einige Stunden auf dem Sofa in seinem Zimmer geschlafen. Sobald sich sein Atem veränderte, lauter, leiser, flacher oder tiefer wurde, wachten wir auf.

Mein Vater lag zu diesem Zeitpunkt schon eineinhalb Tage im Tiefschlaf, verursacht durch den permanenten Sauerstoffmangel sowie durch die Opiate, die seine Atemnot linderten. Am Abend zuvor hatte ich beschlossen, dass ich die Nacht über bei ihm bleiben würde. Ich wollte nicht, dass er alleine war, dass er alleine sterben musste. Andreas, mein Lebensgefährte, hatte mich gefragt, ob er bei mir bleiben solle. Ich war ihm sehr dankbar dafür. Es fällt mir nicht leicht, einen anderen, auch noch so vertrauten Menschen um Hilfe zu ersuchen. Eine Art bitterer Stolz hält mich davon ab. Andreas hatte es mir an diesem Abend abgenommen, ihn darum zu bitten.

In der Früh kam eine der Pflegerinnen und brachte Andreas und mir Frühstück. Wir saßen auf den Plastikstühlen an dem quadratischen Tisch, der am Fußende des Krankenhausbettes stand, und tranken Kaffee. Ich hatte gerade den letzten Bissen meiner Marmeladensemmel im Mund, als sich der Atemrhythmus meines Vaters auf eine Weise veränderte, wie ich sie in der Nacht nicht wahrgenommen hatte. Andreas hatte es auch bemerkt, wir standen auf und setzten uns an den Rand des Bettes. Ich streichelte über den Kopf meines Vaters und brach in Worte aus: Ich erzählte ihm von einer Reise, die er nun antrete. Die ganze Nacht lang habe er mit seinem Atem die Segel seines Schiffes gefüllt, nun sei es an der Zeit abzulegen und in See zu stechen. Ich konnte nicht aufhören zu sprechen. Es ging nicht mehr darum, ihn von seinem Tod abzulenken, durch eine endlose Geschichte die Zeit, die ihm auf dieser Welt noch blieb, zu dehnen, um ihn länger hierbehalten zu können. Ich wollte, dass ihn meine Stimme während seiner letzten Atemzüge begleitete, ich wollte, dass er hörte, dass wir da waren.

DAS LIED VOM GUTEN ENDE

1.

»Death is not the end«, erinnert Bob Dylan in seinem berühmten Song all jene, die sich in schmerzhaften Lebenslagen befinden. Dabei steigert sich das Leid, in dem das Versprechen, der Tod sei nicht das Ende, Trost spenden soll, von individueller Melancholie und Trauer bis hin zu Kriegssituationen, in denen Städte in Flammen stehen und menschliche Körper verbrennen. Ich erinnere mich, dass mich dieses Lied, als ich es als Jugendliche zum ersten Mal gehört habe, in eine ähnliche Rage versetzt hat wie die Predigten bei christlichen Beerdigungen: Was sollte das für ein Trost sein, wenn der Tod, der geliebte Menschen aus meinem Leben genommen hat, als eine Art Erlöser tituliert wird? Was sollte das für ein Trost sein für die Sterbenden, die alles, was sie auf dieser Welt geliebt haben, zurücklassen mussten, ohne zu wissen, was mit ihnen – mit ihnen selbst und ihren Hinterbliebenen – so ganz ohne sie geschehen würde?

Auch heute noch überkommt mich ein gewisses Unbehagen, wenn ich diesen Song höre. Das liegt weniger an den Anklängen, die er an religiöse Jenseitsvorstellungen nimmt, als an einer latenten Drohung, die ich darin wahrnehme: Nein, der Tod ist nicht das Ende, mit ihm hört nicht alles menschliche Leid und Elend auf. Kriege und Genozide gehen nicht angesichts all der Menschen, die ermordet und hingemetzelt wurden, zu Ende. »Der Fluch«, von dem Anne Boyers Tochter spricht, dass wir in einer Welt leben, die krank macht, in der Körper und Seelen verstümmelt werden, verschwindet nicht einfach. Der Tod erlöst uns nicht von diesem »Fluch«. Da können wir glauben und singen, was wir wollen.

Es ist auch niemals nur ein Leben, in das der Tod tritt. Für die Hinterbliebenen geht, trotz aller Jenseits- und Wiedergeburtsversprechungen, tatsächlich etwas zu Ende: Sie können nicht mehr mit ihrer Freundin, ihrem Lebensgefährten, ihrer Mutter, ihrem Großvater, ihrer Tochter sprechen. Ihre körperliche Gegenwart mit all ihren Eigenheiten, ihrer Wärme, ihrem Gewicht, ist ihnen genommen.

Meine Großmutter, die mit 91 Jahren ihr ältestes Kind verloren hatte, fragte Andreas und mich immer wieder, wie die letzten Augenblicke im Leben meines Vaters waren. Sie bedauerte, dass sie nicht dabei gewesen sein konnte. »Dann hätten die mich im Krankenhaus noch als zusätzlichen Pflegefall gehabt«, sagte sie dann. Worum es ihr vor allem ging, war, dass sie sich rückversichern wollte, dass mein Vater »friedlich« gestorben sei, ohne schmerzhaft und angstvoll zu ersticken. Wenn wir ihr zum wiederholten Mal die letzten ruhigen Atemzüge meines Vaters schilderten, zeigte sie sich beruhigt: »Wenn ihr das sagt, euch glaube ich. Ihr wart dabei. Ihr würdet es nicht so erzählen, wenn es nicht so gewesen wäre.«

Was mit dem Tod eines Menschen für die Hinterbliebenen nicht zu Ende geht, sind die Fragen, die Ungewissheit, der Schmerz. Wie jemand die letzten Stunden seines Lebens verbracht hat, ob er oder sie »friedlich eingeschlafen« ist, ob sie oder er Angst hatte, einsam war, verzweifelt, ob er oder sie hat »loslassen können«, sich geborgen und geliebt gefühlt hat, das beschäftigt Trauernde über eine lange Zeit hinweg. Wenn jemand unter gewaltvollen Umständen gestorben ist, tödlich verletzt, ermordet oder hingerichtet wurde, wird es für die Zugehörigen noch komplizierter.

Das Trauma eines anonymen Sterbens in einem Krieg, einem Genozid, einem Vernichtungslager schreibt sich in die Leben und Geschichten der Freundinnen und Freunde, der Weggefährtinnen und Familienmitglieder ein. Der Tod tritt in diesen Fällen nicht als individuelles Ende eines Lebens auf, das möglicherweise als »erfülltes« betrachtet werden kann. Er ist kein ›natürlicher‹ Gatekeeper für einen spirituellen Übergang. Er steckt in der Hinterhand derer, die diesem Leben gewaltvoll ein Ende gesetzt haben. Er gerät zum Beiwerk derer, die töten.

2.

Ich wünsche mir stets ein ›gutes Ende‹. Auch wenn ich dazu neige, die Happy Ends von Hollywoodfilmen zu belächeln oder als reaktionär zu erachten – für die, die mir nahestehen und denen ich mich zugehörig fühle, wünsche ich mir (wie für mich selbst), dass alles, was ihnen im Leben auch widerfahren möge, gut ausgehe.

Mein Vater hatte lange, insgesamt fast drei Jahrzehnte, mit der Lungenfibrose gelebt. Dass sich sein Lungengewebe mit der Zeit verhärten würde, erfuhr er, als er einige Jahre jünger war als ich heute. Auf Bergwanderungen wurde er schnell kurzatmig, aber sonst fühlte er sich durch diese Erkrankung nicht eingeschränkt. Seinem Beruf konnte er nachgehen, er konnte Schifahren, reisen und sein Feierabendbier trinken, er konnte mit meiner Mutter Wanderungen unternehmen, die über flaches oder leicht hügeliges Gelände führten. Unmittelbar nach seiner Pensionierung hat sich der Zustand seiner Lunge zusehends verschlechtert.

Das erste Mal, als mir bewusst wurde, dass mein Vater schwer krank war, war, als meine Eltern Andreas und mich auf Kuba besuchten. Ich hatte sie einige Monate davor nicht gesehen. Andreas und ich waren durch Frankreich und Spanien gereist und schließlich mit einem Frachtschiff nach Havanna übergesetzt. Ich hörte und las von ihnen, zu Gesicht bekam ich sie erst wieder, als wir uns am Abend ihrer Ankunft in ihrem Hotel trafen. Sie schienen, trotz der anstrengenden Anreise, bester Dinge zu sein. Wir tranken Mojitos und rauchten kubanischen Tabak. Am nächsten Tag verabredeten wir uns für einen langen Spaziergang. Andreas und ich wollten meinen Eltern den Stadtteil zeigen, in dem wir lebten. Als wir losgegangen waren, fiel mir auf, dass mein Vater zurückblieb. An beinahe jeder Straßenecke hielt er an. Dass er nach nur wenigen Schritten Atem schöpfen musste, versuchte er zu kaschieren, indem er seine Kamera einmal auf dieses Gebäude, einmal auf jene Palme richtete. Schließlich konnte meine Mutter nicht mehr an sich halten. Sie erzählte mir, dass es meinem Vater seit einigen Wochen zusehends schwerfiel, auch auf ebenen Strecken zu gehen, und wie verzweifelt sie darüber war. »Er kommt nicht mehr voran. Die Luft geht ihm aus.« Sie hatte es mir nicht schreiben oder am Telefon erzählen wollen, ich sollte während meiner Reise nicht beunruhigt werden.

Auf den ausdrücklichen Wunsch meines Vaters hin setzten wir an diesem Tag den Spaziergang fort. Wir gingen langsam und gelangten nach etlichen Kilometern an unser Ziel, zu unserer Wohnung in Centro Habana und einem nahe gelegenen Bistro. Ich war, als ich meinen Vater immer wieder nach Atem ringen sah, sehr erschrocken. Es war offensichtlich, dass mit seiner Lunge etwas nicht stimmte, dass die Fibrose sich sprunghaft verschlechtert hatte. Nachdem meine Eltern Havanna verlassen hatten und in ein Küstenstädtchen gereist waren, ging es meinem Vater deutlich besser. Er konnte wieder längere Strecken gehen, das Atmen fiel ihm leichter. Wir alle zeigten uns ausgesprochen optimistisch, schließlich war Havanna mit seiner schwülen, von ungefilterten Abgasen durchtränkten Luft tatsächlich kein Kurort.

Wir begannen, gemeinsam an einem Strang für ein ›gutes Ende‹ zu ziehen, das für uns zu diesem Zeitpunkt darin bestand, dass die Lungenfibrose nicht weiter fortschritt und mein Vater sein Leben wie gewohnt fortsetzen konnte.

Wenige Monate später saß ich nach einer Lesung in Brno im Bus zurück nach Wien. Ich hörte gerade das Album *The Town In Between* von Tini Trampler und den Playbackdolls, als mich mein Vater anrief. Er sei, erzählte er mir, in einem Linzer Krankenhaus stationär aufgenommen worden, eine Reihe an Untersuchungen würde in den nächsten Tagen durchgeführt werden. Das alles berichtete er in einem ruhigen und sachlichen Tonfall. Er wollte mich unter keinen Umständen beunruhigen und ich versuchte ebenso ruhig und sachlich die richtigen Fragen zu stellen, um zu erfahren, was wirklich los war. Ich bekam heraus, dass er mit der Rettung ins Krankenhaus gebracht worden war, dass die Sauerstoffsättigung in seinem Blut zu gering war und er nun einige Liter Sauerstoff bekam, permanent, über einen Schlauch in der Nase.

Nach diesem Anruf hörte ich noch einmal den Song *Tanz der Schnecken,* der mir zuvor schon in den Ohren gelegen war. Die Textzeile »Lass dir Träume schmecken, solange es noch geht ...« berührte mich besonders, sie rührte an einen Schmerz, von dem ich zu dieser Zeit noch unbestimmt, aber trotzdem wusste, dass ich ihm Raum geben musste. Dass ich ihm nicht entkommen würde.

Es gibt ein Gedicht von Rose Ausländer, das mich auf eine ähnliche Weise berührt wie Tini Tramplers *Tanz der Schnecken*: Auch in *Noch bist du da* werden Trauer und Angst angesichts unserer Endlichkeit dadurch abgefedert, dass das Leben selbst in Anspruch genommen wird – und nicht durch halbseidene Erlösungsszenarien. »Wirf deine Angst / in die Luft / Bald / ist deine Zeit um / bald / wächst der Himmel / unter dem Gras / fallen deine Träume / ins Nirgends / Noch / duftet die Nelke / singt die Drossel / noch darfst du lieben / Worte verschenken / noch bist du da / Sei was du bist / Gib was du hast«

Der Strang, an dem wir zogen, um den Faden für ein ›gutes Ende‹ nicht zu verlieren, wurde rauer und unhandlicher. Seit diesem Aufenthalt im Krankenhaus musste mein Vater mit zusätzlichem Sauerstoff versorgt werden, immer, Tag und Nacht. Ein großer Sauerstofftank kam ins Haus meiner Eltern. Jede Woche wurde er von dem Mitarbeiter einer Firma, die vorwiegend auf Industriegase spezialisiert ist, aufgefüllt. Das kleinere Sauerstoffgerät wurde zum ständigen Begleiter meines Vaters. Er trug es in einem Rucksack bei sich. Wenn er irgendwo unterwegs war, musste er im Voraus berechnen, wie lange der Vorrat in der Flasche hielt. Neigte dieser sich dem Ende zu, musste er nach Hause, um die Flasche an den Tank zu hängen.

In den ersten Wochen waren es vor allem die Zahlen, an die wir uns hielten: Wie viel Liter Sauerstoff in der Minute mein Vater benötigte, wie hoch die Sauerstoffsättigung in seinem Blut war. Wir setzten, da wir es mit einer chronischen, unheilbaren Krankheit zu tun hatten, auf Stabilität.

Doch auch dieses ›gute Ende‹ glitt uns aus den Händen. Mein Vater benötigte immer mehr Sauerstoff, seine Werte wurden schlechter. Er musste wieder ins Krankenhaus. Dort sprach ein Arzt das Wort »Lungentransplantation« zum ersten Mal aus.

Von da an wurde diese zu unserem ›guten Ende‹. Zunächst galt es, alles dafür zu tun, dass mein Vater, der mit seinen 67 Jahren die durchschnittliche Altersgrenze von 65 überschritten hatte, zur Operation zugelassen wurde. Dann ging es um die Reihung auf der Transplantationsliste, um die Dringlichkeit, mit der er eingestuft wurde. Und dann warteten wir darauf, dass ein geeignetes Spenderorgan gefunden wurde. Wir sprachen darüber, als ließe sich eine passende Lunge ohne Weiteres »finden«, als müsse man nur beharrlich genug danach »suchen«. Dass ein gesunder Mensch, männlich, von ähnlicher Statur wie mein Vater, plötzlich gestorben sein musste, um dieses geeignete Spenderorgan zu »finden«, darüber verloren wir nur selten wenige Worte.

Schließlich, am Tag der Operation, ging es darum, dass diese gut verlief, dass wir, meine Mutter und ich, am Abend einen Anruf erhielten, bei dem man uns mitteilte, dass alles gutgegangen war.

Es ist nicht leicht, angesichts einer schweren, unheilbaren Krankheit über zwei Jahre hinweg an einem ›guten Ende‹ festzuhalten. Mein Vater selbst hat uns, meiner Mutter, meinem Bruder oder mir, gegenüber niemals einen Zweifel darüber geäußert, dass »die Geschichte mit seiner Lunge« einen guten Ausgang nehmen würde. Mit seiner Zuversicht wollte er, der immer mehr auf Unterstützung vor allem durch meine Mutter angewiesen war, uns stärken, er wollte nicht, dass wir uns Sorgen um ihn machten. Erst als die Operation gut verlaufen war und, wie wir alle dachten, seine schwere Lungenerkrankung tatsächlich ein ›gutes Ende‹ genommen hatte, erzählte er, dass es ihm auch schlecht gegangen war, dass er immer wieder Angst gehabt hatte.

Ich denke, dass es vor allem für meine Mutter leichter gewesen wäre, wenn er seine Sorgen schon während der Sauerstoffzeit mit uns geteilt hätte. Seine beharrliche Zuversicht ließ keinen Raum für Ängste und Zweifel. So war sie es, die es übernehmen musste, sich Sorgen zu machen.

Meine Zweifel, die ich im Hinblick auf ein ›gutes Ende‹ immer wieder hegte, trug ich zu den Bäumen. Ich sprach auch mit Freundinnen und Freunden darüber, aber ich wusste, dass ich sie nicht permanent dafür in Anspruch nehmen konnte, von meiner Angst um meinen Vater zu erzählen. Also ging ich in den Prater, zu den Bäumen. Ich hörte dabei immer dasselbe Musikstück. Beim ersten Satz des Violinkonzerts in D-Dur von Pjotr Iljitsch Tschaikowski konnte ich zunächst in einer bangen Trauer versinken, um mich dann – *allegro moderato* – darin zu üben, mir vorzustellen, wie schön es sein würde, wenn mein Vater die Transplantation gut überstanden hätte. Ich sah ihn dann über eine Wiese laufen, sah, wie er sich, ganz ohne körperliche Einschränkung, seiner Lebensfreude hingeben konnte. Meine Wege zu den Bäumen nahmen stets diesen Verlauf: Ich ging immer an denselben Ort, hörte mehrere Male hintereinander das *Allegro moderato,* immer dieselbe Aufnahme gespielt von Julia Fischer mit dem Orchestre Philharmonique de Radio France unter der Leitung von Vasily Petrenko, und verließ die Bäume, nachdem ich mir das Konzert zu Ende angehört hatte.

Zu der Zeit, als noch nicht entschieden war, ob mein Vater auf die Transplantationsliste kam, ging ich eines Abends allein in eine Bar, die ich von früher her kannte, da ich einige Jahre in derselben Straße gewohnt hatte. Ich war traurig und fühlte mich hilflos. Diesen Gefühlen wollte ich bei einem einsamen Barbesuch nachgehen, mit ein paar Gläsern Bier wollte ich sie auskosten.

Ich saß an der Bar und plauderte mit dem Betreiber. Zwischendurch versank ich in Gedanken, die sich allesamt um meinen Vater drehten. Die Fassung verlor ich, als das Lied *Komm großer schwarzer Vogel* von Ludwig Hirsch gespielt wurde. Es war mir peinlich, aber ich konnte die Tränen nicht zurückhalten. Ich heulte vor den anderen Gästen und, schlimmer noch, vor dem Betreiber, der mich von früher als fröhliche und schlagfertige Zeitgenossin kannte.

Er wollte wissen, was mit mir los sei. Ich erzählte ihm von der Krankheit meines Vaters, von meiner Angst um ihn und von der nagenden Ungewissheit, wie diese Geschichte ausgehen würde. Er nahm mich nicht ernst. Das heißt, mich nahm er vielleicht schon ernst, aber nicht das, was ich gesagt hatte. Er versuchte mich davon zu überzeugen, dass es für mich, vor allem aber für meinen Vater das Beste wäre, er würde sterben. Ich solle ihn doch gehen lassen, sagte er immer wieder. Daraufhin verließ ich die Bar.

3.

Ludwig Hirsch hat das Lied *Komm großer schwarzer Vogel* 1979 auf einem gleichnamigen Album veröffentlicht. Ein sterbenskranker Mensch ruft den Tod darin an. Er bittet ihn, in Gestalt des »großen schwarzen Vogels« zu kommen und ihn mitzunehmen – in »eine neue Zeit«, in »eine neue Welt«. »Lachen« werde er und »singen« und »das gibt's net! schreien«, »I werd' auf einmal kapier'n, worum sich alles dreht«.

Das Szenario, das er sich ausdenkt, um sich selbst, vor allem aber auch seinen Zugehörigen vor Augen zu führen, wie gut es ihm nach seinem Tod gehen werde, ähnelt auf frappierende Weise meiner Fantasie vom ›guten Ende‹ der Lungentransplantation meines Vaters: Der unbeschwerte Ausdruck von Lebensfreude lag in meiner Vorstellung allerdings in dieser, und nicht in einer »neuen Welt«, wobei in beiden Fällen bemerkenswert ist, wie körperlich dieser Ausdruck ist. »Laufen«, »lachen«, »singen«, »schreien« – für all diese Artikulationsweisen bedarf es eines Körpers, der in der Lage ist, sich Raum und Luft zu verschaffen. In beiden Szenarien sind die Körper frei von Schmerzen oder anderen Einschränkungen, die sie zuvor erfahren haben.

Am Ende des Liedes, als sich der »große schwarze Vogel« mit ihm aufschwingt und er diese Welt verlässt, wiederholt er einige Male diese Aufzählung: Mit dem Tod entledigt er sich seiner Schmerzen, aber nicht seines Körpers. Ganz am Schluss ruft er: »I werd endlich kapier'n / I werd' endlich glücklich sein!« – auch hier wieder das seltsame »endlich«, das wie eine Zellwand unsere Auffassungen von Endlichkeit in jene von Unendlichkeit diffundieren lässt.

Komm großer schwarzer Vogel ist ein Abschiedslied, eines, in dem sich die Stimme keine allumfassende Perspektive auf mögliche Jenseitsszenarien aneignet und den Rest der Welt darüber belehrt, wie er sich angesichts des Todes am besten zu verhalten habe. Der Abschied, den ein sterbenskranker Mensch darin nimmt, ist ein ausgesprochen intimer. Er versucht gar nicht erst, sich und seine Zugehörigen über den Tod hinwegzutrösten. Der Trost, den er sich und anderen spendet, liegt darin, dass es ihm, sobald der »große schwarze Vogel« mit ihm auf und davon geflogen sein wird, besser geht. Dieses Versprechen nimmt er weder dem Tod noch irgendwelchen Glaubenslehren ab, er gibt es sich selbst und teilt es zugleich mit anderen. Dabei gaukelt er auch keine Gewissheiten vor, die über seine radikal subjektiven Vorstellungen von einem besseren Leben, in dem er wieder lachen und singen wird können, hinausgehen – der Abschied, den er nimmt, ist ein unwiderruflicher: In keiner einzigen Zeile spielt das Lied auf ein mögliches Wiedersehen an. Es geht auch nicht um eine Art von Weiterleben. Er lässt keine Zweifel darüber aufkommen, dass er sich ein anderes Leben in einer »neuen Zeit«, in einer »neuen Welt« wünscht. Der Tod soll ihm dabei helfen, dorthin zu kommen, wo er dieses Leben, das ihm unerträglich geworden ist, nicht mehr fortsetzen muss.

An dieser Stelle liegt der Punkt, der mich jedes Mal, wenn ich das Lied höre, am tiefsten berührt: Dass ein Leben so unerträglich geworden sein kann, dass ein vollkommen ungewisses Ende einer Fortsetzung vorzuziehen ist,

ist für mich ein unfassbar schmerzhafter Gedanke. Es fällt mir schwer, mir den Tod als ein ›gutes Ende‹ vorzustellen.

Ludwig Hirsch hat das Lied vom *großen schwarzen Vogel* geschrieben, nachdem eine Freundin auf dem Rückweg von einem Heurigen einen schweren Unfall erlitten hatte. Ihr ganzer Körper war gelähmt, sie konnte sich nicht mehr bewegen. Im Krankenhaus versuchte sie, die lebenserhaltenden Schläuche hinauszuwürgen. Gestorben ist sie schließlich nicht an diesem Versuch, ihrem Leben ein Ende zu setzen, sondern an einer Lungenentzündung.

Ludwig Hirsch selbst nahm sich zweiunddreißig Jahre später in einem Wiener Krankenhaus das Leben: Er hatte Lungenkrebs und war wegen einer akuten Lungenentzündung stationär aufgenommen worden.

Dass sich mein Freund Leo aus dem Fenster seiner Wohnung im dritten Stock gestürzt hatte, erfuhr ich, als ich auf der Terrasse eines Restaurants auf der Insel Syros saß. Es war die erste Reise, die ich unternahm, nachdem mein Vater gestorben war.

Andreas und ich hatten an diesem Tag eine Vespa gemietet. Wir fuhren kreuz und quer über die Insel, hielten in den Bergen, um die Aussicht zu genießen, und suchten uns schöne Strände zum Schwimmen. Es war ein angenehmer, gelöster Tag. Meine Freundin Sonja rief mich an, als ich auf der Vespa saß. Ich konnte ihren Anruf nicht entgegennehmen. Die Textnachricht, die sie mir umgehend schickte, machte mich stutzig. Ich fand es seltsam, dass sie mich, ohne jeden Hinweis darauf, warum, darin bat, ich möge sie so schnell wie möglich zurückrufen. Hinter Nachrichten dieser Art verbirgt sich selten etwas Gutes.

Ich beschloss, sie anzurufen, sobald wir eine längere Pause machen würden. Andreas erzählte ich von der Nachricht und meinte, dass es wahrscheinlich um Leo, Sonjas und meinen gemeinsamen Freund, ging. Er hatte im Jahr zuvor wegen Problemen mit seiner Prostata einen Harnkatheter gelegt bekommen. Seine größte Sorge war, dass er diesen auch im darauffolgenden Sommer noch tragen musste. Er liebte es, in der Donau zu schwimmen. Mit einem Katheter wäre das nicht möglich gewesen. Ich vermutete also, dass Sonjas dringender Anruf etwas mit Leo zu tun hatte. Vielleicht hatte er wegen des Katheters ins Krankenhaus müssen, und Sonja wollte mir das mitteilen.

Am Tag der Abreise nach Syros hatte Leo mich angerufen. Ich hatte ihn seit längerer Zeit nicht gesehen. Gehört hatten wir uns zum letzten Mal, unmittelbar nachdem mein Vater gestorben war. Ich stand am Flughafen und wartete auf den Abflug. Sein Anruf kam mir ungelegen, ich nahm nicht ab, sondern schrieb ihm, dass ich gerade dabei war nach Athen zu fliegen und mich in den nächsten Tagen bei ihm melden würde. In seiner Antwort erzählte er, dass er vor Kurzem für eine Konferenz, die wegen der Corona-Pandemie online stattfinden musste, lediglich virtuell in Athen gewesen sei. Er freue sich darauf, endlich wieder »wirklich« reisen zu können und wünsche mir schöne Tage in Griechenland.

Fünf Tage später saß ich auf der Terrasse am Meer und rief Sonja zurück. Auf eine unerfreuliche Nachricht war ich gefasst, unter keinen Umständen aber darauf, zu erfahren, dass Leo tot war. Die Welt um mich herum nahm in diesem Moment sehr scharfe Züge an. Die weißen Stühle und Tischtücher, die blauen Terrassendielen, die Sonnensprengsel auf der Meeresoberfläche, das blank polierte Besteck, die laminierte Speisekarte mit den farbigen Abbildungen verschiedener Fischgerichte, all das brannte in meinen Augen. Ich musste sie immer wieder schließen, während ich mit Sonja darüber sprach, dass wir nicht glauben konnten, nicht glauben wollten, dass Leo sich aus dem Fenster gestürzt hatte. Wie starke Windböen rüttelte die Frage, warum in Dreiteufelsnamen er das getan hatte, an meinen Gedanken. Zuerst breitete ich mit Sonja am Telefon, anschließend mit Andreas am Tisch alle denkbaren Szenarien aus. Ich wälzte sie, als wollte ich mich in einer halbwegs plausiblen Erklärung dicht verpackt vor dem Ansturm dieser Frage schützen.

Die Trauer kam etwas später. Sie rüttelte nicht an mir, sie fing mich ein. Noch während ich auf der Terrasse saß und Erklärungen wälzte, schob sich zwischen mich und die Welt eine Wand. Sie nahm meinen Wahrnehmungen ihre Schärfe und lenkte sie dorthin, wo sich jener unfassbar schmerzhafte Gedanke verfing, dass ein Leben so unerträglich geworden sein konnte, dass sich jemand für den Tod entschied. Nun war es aber nicht mehr »jemand« und »ein Leben«, sondern Leo, mein Freund: Ich hatte nicht mitbekommen, dass sein Leben für ihn so unerträglich geworden war.

Die folgenden Stunden bewegte ich mich wie unter einem Glassturz. Als wollte ich mich unbehelligt von der Außenwelt jenem Punkt widmen, seine wunden Ränder berühren, sein schmerzhaftes Zentrum ausloten, der mit der Trauer um Leo aufgeklafft war. Die Frage nach einem Warum, die zunächst so drängend gewesen war, hatte aufgehört zu rumoren.

Am Abend dieses Tages trafen wir Brigitte, eine liebe Reisebekanntschaft, und Christian, den Freund, bei dem wir auf Syros wohnten. Wir hatten uns zu einem Konzert verabredet. Ich wusste zuerst nicht, ob ich hingehen wollte. Ich war mir auch im Unklaren darüber, ob ich, sollte ich zu der Verabredung gehen, den anderen gegenüber Leos Freitod erwähnen sollte – ich wollte ihnen den Abend nicht verderben. Schließlich ging ich zum Konzert und erzählte, warum ich so traurig war. Still wurde die Nachricht aufgenommen, das Mitgefühl lag in den Blicken und Gesten. Kein Wort fiel, das mich beschwichtigen, das mir die Trauer nehmen sollte. Und niemand fragte nach einem Warum.

4.

Die Frage, warum Leo seinem Leben ein Ende gesetzt hat, kehrte wieder. Sie stellte sich in Gesprächen mit gemeinsamen Bekannten und Freundinnen. Allerdings hatte sie aufgehört, die Trauer um ihn zu verdrängen. Sie nahm ihren Platz ein in den Erinnerungen, die wir an ihn teilten.

Am häufigsten tauchte die Vermutung auf, dass er schwer krank gewesen sei, dass ihn eine Diagnose ereilt habe, mit der er nicht leben konnte. Wir stellten uns vor, wie er, da ihm die Aussicht auf ein ›gutes Ende‹ genommen worden war, sich für den Tod entschied als Ausweg, den er beschreiten konnte, um dem, was ihm bevorstand, zu entkommen. Wenn schon kein ›gutes Ende‹ mehr zu haben war, wollten wir zumindest einen ›guten Grund‹ dafür finden, warum er den Tod seinem Leben vorgezogen hatte.

Dass ich nach den Jahren der schweren Lungenerkrankung meines Vaters und wenige Monate, nachdem er an einer durch metastasierten Krebs verursachten Lungenentzündung verstorben war, bereit war, eine schwere Erkrankung als ›guten Grund‹ dafür zu betrachten, seinem Leben ein Ende zu setzen, bereitet mir heute großes Unbehagen: Welche Maßstäbe ließ ich aufgrund der Ungewissheit, warum Leo aus dem Fenster gesprungen war, gelten, die ich bei meinem Vater keinen Augenblick lang in Betracht gezogen beziehungsweise mit aller Kraft von mir gewiesen hatte? Mit welchen Mitteln und Methoden lässt sich jener Punkt festmachen, an dem ein Leben ›wirklich‹ unerträg-

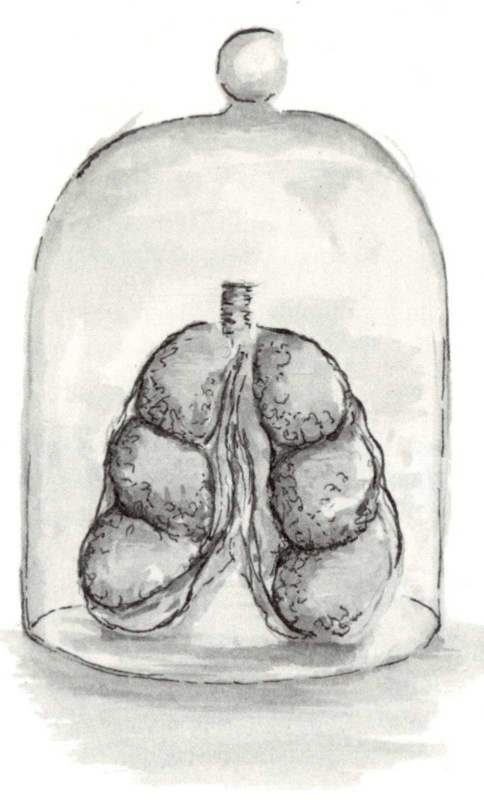

lich geworden ist? Gibt es Kriterien dafür, dass die Hinterbliebenen mit der Entscheidung eines Menschen, den Tod bewusst und aktiv herbeizuführen, besser leben können? Wie hätte ich reagiert, wenn es dazu gekommen wäre, zu entscheiden, ob sich mein Vater noch einer Chemotherapie unterziehen sollte? Hätte ich versucht, ihn angesichts der schweren und lebenseinschränkenden Auswirkungen davon abzuhalten? Oder hätte ich ihm zugeredet, es mit der Chemotherapie zu versuchen? Wie wäre ich mit seiner Entscheidung umgegangen?

»Jemand sagte einmal, sich für eine Chemotherapie zu entscheiden, sei wie von einem Dach zu springen, wenn man eine Knarre an den Kopf gehalten bekommt«, schreibt Anne Boyer: »Man springt aus Angst vor dem Tod, oder zumindest aus Angst vor der schmerzhaften und hässlichen Art zu sterben, die Krebs bedeutet, oder man springt aus dem Verlangen zu leben, selbst wenn dieses Leben, so lange es währt, voller Schmerz wäre.«

Der Sprung ist in diesem Fall einer ›von der Schaufel‹, wie die Redewendung lautet – zumindest einem Grundverständnis nach, demzufolge es gilt, alles, was im Bereich des Möglichen liegt, zu tun, um am Leben zu bleiben: »Man muss ein Verlangen haben zu leben, aber man muss auch daran glauben, es wert zu sein, am Leben erhalten zu werden. Krebs erfordert eine schmerzhafte, teure, umweltbelastende, rohstoffintensive Medizin.«

Die Bereiche des Möglichen sind ebenso wie der Glaube, »es wert zu sein, am Leben erhalten zu werden«, nicht für alle in gleichem Maß zugänglich. Ganz und gar nicht. In diesen Zusammenhängen werden die Fragen nach der Freiwilligkeit von Suizid beziehungsweise assistiertem Suizid so prekär wie die Lebensverhältnisse, die auf statistisch signifikante Art und Weise darüber entscheiden, wie früh ein Mensch, ob nun ›freiwillig‹ oder nicht, stirbt.

Wie viel mir mein Leben wert ist, wie viel ich bereit und vor allem in der Lage bin zu tun, um am Leben zu bleiben, ist keine rein individuelle Entscheidung. Was in den Bereichen des Möglichen liegt, hängt von dem Land, in dem ich lebe, von dem Grad demokratischer Verteilung medizinischer, ökonomischer und sozialer Ressourcen ab. Und von meiner Perspektive darauf, was mein Leben – nicht nur mir, sondern in einem komplexen sozialen Gefüge – bedeutet.

Die Lungentransplantation ist damals als eine *Conditio sine qua non* für ein immer noch mögliches ›gutes Ende‹ an einem schon zum wiederholten Male verschobenen Horizont aufgetaucht.

Bei der ersten Vorbesprechung im Krankenhaus ging es, wie ich eigentlich vermutet hatte, nicht darum, den Patienten und seine Zugehörigen über den Verlauf und die Risiken aufzuklären. Es ging darum, den Patienten, der mein 67-jähriger Vater war, auf Herz, Nieren und Verstand zu prüfen und festzustellen, ob er dieser Behandlung, die nach den allerhöchsten medizinischen Standards durchgeführt werden sollte, gewachsen war. Nicht nur die langwierigen und intensiven Voruntersuchungen wurden geplant, mein Vater wurde regelrecht ins Verhör genommen, ob er in der Lage war, in kurzer Zeit etliche Kilo abzunehmen, ob er kognitiv imstande war, die Medikamente, die er nach der Operation für den Rest seines Lebens einnehmen musste, zu managen. Meine Mutter und ich wurden befragt, ob und in welcher Form wir ihn unterstützten.

Diese erste Vorbesprechung gestaltete sich wie ein Bewerbungsgespräch, wobei uns das Transplantationsteam, das aus mehreren Ärztinnen und Ärzten sowie einer Psychologin bestand, keine Sekunde darüber im Zweifel ließ, dass es sich um die beste aller Möglichkeiten für meinen Vater handelte und dass er sich ihrer würdig erweisen musste – unter Einsatz all seiner physischen, psychischen und sozialen Ressourcen. Auf meine etwas zittrige Nachfrage, was denn geschehe, wenn mein Vater nicht auf die Transplantationsliste käme, antwortete einer der Chirurgen auf unmissverständliche und selbstbewusste Art und Weise, dass er dann in wenigen Monaten sterben werde. Mein Vater saß daneben. Es sollte wohl ein weiterer Ansporn sein, ›alles‹ zu tun, um am Leben zu bleiben.

Mich hat diese erste Vorbesprechung sehr mitgenommen. Ich war entsetzt über die Art und Weise, wie mit uns, vor allem aber mit meinem schwer kranken Vater verfahren wurde: Er war, so hatte ich es empfunden, für das elitäre Transplantationsteam nicht mehr als ein physischer und psychischer Organismus, der auf seine Tauglichkeit hin überprüft werden sollte.

Auf dem Weg zurück in meine Wohnung habe ich mir vorgestellt, wie es einem Menschen in einer solchen Situation ergehen musste, der nicht von seinen Zugehörigen begleitet wurde, der nicht als Chemiker gearbeitet hatte und deshalb die komplizierten Fachausdrücke verstand und sogar reproduzieren konnte, der dieses Gespräch vielleicht in einer Fremd- oder Zweitsprache führen musste: Wie wären die Chirurgen und Ärztinnen mit ihm verfahren? In welchem Ausmaß hätten sie seine Kapazitäten, seine Tauglichkeit infrage gestellt? Hätte er überhaupt die Möglichkeit gehabt, sich der Operation als gewachsen zu zeigen, wenn er sich anderer sprachlicher und habitueller Ausdrucksweisen bedient hätte – anderer als den in hochausgebildeten medizinischen Kreisen Mitteleuropas üblichen und bekannten? Und wie lassen sich diese Zugänge zu den Bereichen des medizinisch – und dadurch immer auch ökonomisch – Möglichen so gestalten, dass sie für alle im selben Ausmaß erreichbar sind? Dass garantiert werden kann, dass die ›Freiwilligkeit‹, sich einer Behandlung zu unterziehen oder nicht, lebensverlängernden Maßnahmen zuzustimmen oder nicht, einen assistierten Suizid in Betracht zu ziehen oder nicht, nicht auf den in unzähligen Statistiken erhobenen Faktoren von Alter, *race*, Klasse und Geschlecht beruht, sondern auf einer detaillierten Aufklärung über objektive medizinische Sachverhalte? Und gibt es in einer kapitalistischen Welt überhaupt objektive medizinische Sachverhalte?

»Ich kenne zu viele Frauen, die sich wünschen, sie hätten sich anstatt für eine medikamentöse Behandlung, die sie verstümmelt und zu Invalidinnen gemacht hat, dafür entschieden, an ihrem Krebs zu sterben«, schreibt Anne Boyer: »Das ›Und wenn sie nicht gestorben sind‹ unserer profit- und medikamentengeschädigten Leben scheint ihnen unerträglich. Doch ist das ein falsches Entweder-oder. Denn es hätte wohl andere verfügbare Medikamente mit ähnlicher Wirkkraft und geringerem Risiko für dauerhafte Schädigungen gegeben, aber das Medikament, mit dem man uns behandelt und verletzt hat, war für jemanden die lukrativere Wahl.«

Die Umstände, unter denen Menschen eine bestimmte medizinische Behandlung zukommt, unter denen sie sich dafür oder dagegen – für oder gegen die Behandlung, für oder gegen den Tod – entscheiden, sind derart komplex und von soziologischen Faktoren durchzogen, dass es fatal ist, sie als »rein persönliche« zu betrachten.

Zu behaupten, die Verantwortung für das eigene Leben wie für das eigene Sterben läge auf den Schultern jeder und jedes Einzelnen, scheint mir verheerend: Es verschleiert nicht nur die ökonomischen Zusammenhänge, die bei all diesen Entscheidungen zum Tragen kommen, sondern auch die Prämissen, unter denen diese Zusammenhänge entstehen und als selbstverständlich, als quasi »naturgemäß« hingenommen werden.

Am Ende ihres Essays schildert Anne Boyer, wie es ihr in einer ganz bestimmten Situation mit dem Gedanken an den eigenen Tod erging: Im stockdunklen Wohnzimmer diskutierte sie mit einem Freund die Möglichkeit eines »gnädigen Todes«.

»Jaspar beantwortete meine Furcht vor einem schmerzhaften und beschämenden Krebstod mit: ›Gut, dann werden wir einfach alle dafür sorgen, dass das nicht passiert.‹ Ich glaubte ihm natürlich, dass meine Freund:innen mir, unbenommen aller Risiken, auch helfen würden, meinen eigenen Wünschen gemäß zu sterben, da sie während meiner gesamten Krankheit so zuverlässig und großzügig und einfallsreich gewesen waren. Aber bei dem Gedanken, meine Freund:innen für immer zurückzulassen, kamen mir die Tränen und ich flüchtete in mein Zimmer.«

Die Ganz-ohne-mich-Angst verschwindet nicht einfach – auch angesichts einer höheren Wahrscheinlichkeit, in absehbarer Zeit zu sterben, nicht. Was bedeutet es, die Wahl zu haben, seinem Leben ein Ende zu setzen, aus eigener Kraft oder mit Unterstützung? Wann ist der Punkt der Unerträglichkeit für wen in welcher Lebenslage erreicht? Wer setzt die Maßstäbe dafür?

»Sterblichkeit ist eine grandiose Erfindung«, schreibt Anne Boyer ganz am Ende des Epilogs. Und: »Es ist ein weiterer Wahrnehmungsfehler, dass die, die sozialen Schutz genießen, auf die schauen können, denen er manchmal fehlt, und eine Schwäche in den Blutenden vermuten, anstatt in denen, die nie bluten müssen. Diejenigen, die die Schönheit und den Luxus des Überlebens herabwürdigen, müssen so handeln, weil sie so selten fast gestorben sind.«

Wenn ich über aktive Sterbehilfe nachdenke, dann stellen sich mir angesichts einer Gesellschaft, die immer noch bereit ist, um jeden Preis an einem ausbeuterischen Wirtschaftssystem festzuhalten, all diese Fragen. Das neoliberale Phantom eines selbstbestimmten, über seine körperlichen, seelischen und geistigen Anlagen vollkommen frei verfügenden Individuums ist längst entzaubert. Selbst im globalen Norden werden die Schatten, die dieses Phantom auf demokratische Zugänge zu ökonomischen, ökologischen und sozialen Ressourcen wirft, immer länger. Das vermeintlich ganz allein aus eigener Kraft geschmiedete Glück zerfällt zu Staub und Asche, aus der sich nur noch in den krudesten, an faschistoiden Brandopferszenarien geschulten Fantasien ein stählerner Phönix erheben kann.

Die »grandiose Erfindung« Sterblichkeit hat angesichts der so weit fortgeschrittenen Zerstörung des einzigen Planeten, von dem bekannt ist, dass Menschen auf ihm leben können, offensichtlich das Register gewechselt. Es geht nicht mehr nur um ein »rein individuelles«, ontologisches Verhältnis – das es im Grunde auch niemals ausschließlich gewesen ist – zur Sterblichkeit, sondern um eines, das die gesamte Spezies »Mensch« und ihre Evolution betrifft.

5.

»Das Ende der Welt ist bereits eingetreten.«

Dieser Satz geistert durch den Kopf der Dichterin und Essayistin Maggie Nelson, während sie ihren kleinen Sohn dabei beobachtet, wie er hingebungsvoll in einem Eisenbahnmuseum auf einer alten Dampflokomotive spielt. »Hier stehe ich also und empfinde immer noch das (jedenfalls in meinem Leben) beispiellose Gefühl des einfachen, totalen Glücks, Zeugin des einfachen, totalen Glücks eines anderen zu sein, einen neuen Anfang in dieser Welt zu erleben, während unten die Worte durchs Bild ziehen: *»Das Ende der Welt ist bereits eingetreten.«* Maggie Nelson zitiert in ihrem Essay *Freiheit. Vier Variationen über Zuwendung und Zwang* mit diesem Satz den Philosophen und Literaturwissenschaftler Timothy Morton, der »den Beginn der Menschheit als geophysikalische Kraft auf planetarischer Ebene«, den Beginn des Anthropozäns, mit der Patentierung der Dampfmaschine festlegt, mit einem »Akt, der die Ablagerung von Kohlenstoff in der Erdkruste einleitete«.

Den »schmalen Grat«, der laut Donna Haraway »die Anerkennung des Ausmaßes und des Ernstes dieser Probleme [der Erderwärmung sowie der klimatischen Veränderungen] von der Kapitulation vor einem abstrakten Futurismus mit seinen Gefühlen erhabener Verzweiflung und seiner Politik ebenso erhabener Indifferenz« trennt, kann

Maggie Nelson nachvollziehen. Sie weiß um die herzzerreißende Schwierigkeit, die Fragen ihres Sohnes zu beantworten, der wissen möchte, ob es wahr sei, »dass die Erde so heiß wie die Venus wird und mich umbringt, wenn wir nicht aufhören, Benzin zu verbrauchen«.

Sie denkt diesem »schmalen Grat« auch in größeren Zusammenhängen nach, etwa wenn sie darauf hinweist, wie verlockend es sein kann, sich »in apokalyptische Fantasien zu flüchten, in denen die gesamte Menschheit (oder der Planet) in einem einzigen schmerzlosen Blitz und Knall erlischt«.

»Solche Fantasien befreien davon, sich die harte Arbeit vorstellen zu müssen (ganz zu schweigen davon, sich ihr zu verschreiben), die Minderung und Anpassung erfordern. Die Fantasie einer Apokalypse, die alle gleichermaßen betrifft, entlastet uns darüber hinaus von der Auseinandersetzung mit der Tatsache, dass dieselben Menschen, die immer schon am stärksten betroffen sind, es auch weiterhin sein werden, es bereits jetzt sind.«

Die »erhabene Verzweiflung« und die »Politik erhabener Indifferenz« muss man sich leisten können. Dazu zählt auch das, was Nelson in Anlehnung an Donna Haraway als »Game-over-Haltung« bezeichnet: Ihrer Beobachtung nach sind es vornehmend weiße, männliche Intellektuelle, die sich dieser verschrieben haben. »Das leuchtet insofern ein, als die Angst vor einer Apokalypse, die die sichere, bequeme und hoffentlich auch vererbbare Lebensweise verändern oder zerstören könnte, zunächst nichts anderes ist als ein Indiz für einen bestimmten Status bezüglich Klasse, Hautfarbe oder Nationalität, für den der zivilisatorische Zusammenbruch nur eine neue oder theoretische Bedrohung ist und nicht etwas, das bereits eingetreten ist.« In diesem Zusammenhang zitiert sie die Geografin Kathryn Yusoff: »Das Anthropozän mag den Ausblick auf eine dystopische Zukunft eröffnet haben und das bevorstehende Ende der Welt beklagen, aber Imperialismus und fortwährende (Siedler-)Kolonialismen haben schon immer, seit ihrem Bestehen, Welten beendet.«

Jene oftmals nichtweißen Klimaaktivistinnen und Intellektuellen, die ein »Ende einer Welt« bereits am eigenen Leib erfahren haben beziehungsweise die Auswirkungen der klimatischen Veränderungen »bereits jetzt« in einem viel gravierenderen Ausmaß zu spüren bekommen, ziehen dieses »Ende der Welt« auf viel konkreteren Struktur- und Handlungsebenen in Betracht. In einer Fußnote findet sich bei Maggie Nelson die beeindruckende Liste zum Teil nichtweißer Wissenschaftlerinnen und Aktivistinnen, die von der Journalistin und Autorin Amy Westervelt in ihrem Aufsatz *The Case for Climate Rage* veröffentlicht wurde. Darin werden die Psychologin Renée Lertzman, die Journalistin und Klimaaktivistin Mary Annaïse Heglar, die Rednerin, Autorin und Lehrerin Katharine Wilkinson, die Meeresbiologin Ayana E. Johnson, die Expertin für Wissenschaftspolitik und Journalistin Bina Venkataraman, die NASA-Wissenschaftlerin Kate Marvel, die Umweltaktivistin und Klimastrategin Tamara Toles O'Laughlin, die Politikwissenschaftlerin Rhiana Gunn-Wright sowie die Ozeanografin Sarah Myhre genannt. In ihren Arbeiten nehmen sie auf unterschiedliche Weise Bezug auf die Zusammenhänge zwischen Klimakrise und Rassismus, zwischen klimabedingtem Leid und Handlungsmöglichkeiten, zwischen den unterschiedlichen Ökosystemen, zwischen Zukunft und Vergangenheit, Wissenschaft und Ethik, Ökonomie und einem neuen Green New Deal.

Wie das Lied vom »Ende der Welt« oder besser: vom Ende menschlichen Lebens auf dieser Welt gesungen wird, hängt von den Vorstellungen davon ab, ob und in welcher Form es »bereits eingetreten ist« beziehungsweise wie es eintreten wird. Die »erhabene Verzweiflung« angesichts eines totalen Endes ähnelt, was den dafür notwendigen sozialen Status anbelangt, der »ebenso erhabenen Indifferenz« sowie dem nicht minder »erhabenen« Optimismus, der entweder den Klimawandel leugnet oder im Sinne einer unausgesetzten Fortschrittserzählung an der Möglichkeit einer definitiven (meist technischen) Lösung ›für alle‹ festhält.

Mir scheint es von Bedeutung zu sein, die Zeit, die jeder und jedem Einzelnen für ein ›gutes‹ oder zumindest ›erträgliches‹ Leben zur Verfügung steht (wobei sich die Frage nach den Maßstäben für das ›Gute‹ oder ›Erträgliche‹ auch in dieser Hinsicht immer dringlicher stellt), als eng verwoben mit der Zeit, die uns Menschen als Spezies bleibt, zu betrachten:

Durch die menschenverursachten Veränderungen der klimatischen Bedingungen auf unserem Planeten werden existenzielle Ressourcen wie Wasser, Boden und Wälder immer knapper. Die Verteilungskämpfe nehmen zu, werden zusehends brutaler und vor allem auf den Rücken der ohnehin schon am meisten Ausgebeuteten ausgetragen. Immer mehr Menschen müssen ihre Wohn- und Herkunftsorte verlassen, sie nehmen immer größere Risiken auf sich, um in Gegenden zu gelangen, die noch nicht verwüstet und von Kriegen zerstört sind. Ob sie sich ›freiwillig‹ der Gefahr aussetzen, auf ihren langen Wegen zu verunglücken, ermordet zu werden und in den Meeren zu ertrinken, ist eine Frage, die zu nichts anderem als zu zynischem politischen Kleingeld führt, aus dem neoliberale, rechtspopulistische und rechtsextreme Parteien ihr Kapital schlagen.

Wenn ich die »grandiose Erfindung« Sterblichkeit auf globaler Ebene betrachte, sehe ich ähnliche Zusammenhänge wie auf einer individuellen. Seit Jahrzehnten steht fest, dass die Welt, in der wir als Menschen leben und leben können, schwer krank ist. Die Mittel, die zu ihrer Heilung in Betracht gezogen werden und zum Einsatz kommen, sind neben mehr oder weniger rein kosmetischen solche, die eine imperiale Lebens- und Produktionsweise nicht stören.

Den Satz, den Anne Boyer im Hinblick auf die Krebstherapien formuliert hat, möchte ich daher auch auf Elektroautos, Emissionshandel und in den globalen Süden ausgelagerte sogenannte ressourcenintensive Produktionsstätten anwenden: »Es hätte wohl andere verfügbare Medikamente mit ähnlicher Wirkkraft und geringerem Risiko für dauerhafte Schädigungen gegeben, aber das Medikament, mit dem man uns behandelt und verletzt hat, war für jemanden die lukrativere Wahl.«

DIE ZEIT, DIE BLEIBT

1.

Mein Freund Leo war, soweit wir heute wissen, nicht schwer krank. Es gibt keinen Hinweis darauf, dass er eine furchtbare Diagnose erhalten hätte. Ich hatte sein Leben immer für sehr stabil, angenehm und interessant gehalten. Nach seiner Pensionierung war er weiterhin für eine internationale Organisation tätig, die sich mit Erinnerungspolitiken beschäftigte. Vor der Corona-Pandemie reiste er viel, am liebsten mit der Bahn, er hatte Bekannte und Freundinnen in den interessantesten Städten und genoss es, die heißen Sommertage in Wien auf der Donauinsel zu verbringen. Musik war für ihn enorm wichtig. Wenn er davon sprach, hatte ich den Eindruck, dass sie sein Leben war.

Kennengelernt haben wir uns vor vielen Jahren in Algerien. Ich war damals für ein halbes Jahr als Sprachassistentin an der Universität in Oran, in jener Stadt, der Albert Camus die Pest auf den Leib geschrieben hatte und die damals nach dem verheerenden Bürgerkrieg in den 1990er-Jahren eine der unruhigsten Städte des afrikanischen Kontinents war. Leo lebte zu dieser Zeit in Algier. Er lud mich ein, ihn zu besuchen. Ich war aufgeregt, es war meine erste Bahnfahrt von Oran nach Algier. Er holte mich vom Bahnhof ab, alleine, ohne Fahrer und ohne Personenschutz. Ob ich nicht Lust hätte, mit ihm die Kasbah, die Altstadt, zu besuchen, fragte er mich gleich nach meiner Ankunft. Es sei eine einmalige Gelegenheit für ihn, ohne seine »Wächter«, wie er den Personenschutz nannte, durch die schmalen, verwinkelten Gassen zu streifen und sich dort aufzuhalten, wo er wollte. Ich war sofort bereit dazu. Schließlich war ich es gewohnt, mich ›frei‹, also ohne Aufseher, durch Städte zu bewegen. Und es gefiel mir, dass Leo sich über die sicherheitstechnischen Vorgaben hinwegsetzte und ich dabei eine konspirative Begleiterin sein konnte. Nach dem Spaziergang fuhren wir in sein Haus. Ich war etwas eingeschüchtert von dem Gebäude, von den Angestellten, die sich dort um den Haushalt, den Transport und um das Essen kümmerten. Diese Welt kannte ich nicht. Ich selbst wohnte in Oran in einem heruntergekommenen Studentinnenwohnheim und hatte bislang mehr den durchaus mühsamen und aufreibenden Alltag in Algerien kennengelernt als jene Parallelwelt, in der sich das internationale Parkett der geschäftstüchtigen Auslandsvertretungen befand.

Schon am ersten Abend, den ich als Besucherin in Algier verbrachte, hörten Leo und ich zusammen Musik. Es war eine Situation, in der ich mich zunächst nicht ganz so leicht zurechtfand: Ich kannte zwar einige Musikstücke und konnte so halbwegs Noten lesen, ich war aber nicht besonders bewandert in der Musikgeschichte. Eine versierte Konversation konnte ich auf diesem Gebiet nicht führen. Das war mir klar, und es war auch, wie sich herausstellte, überhaupt nicht notwendig. Leo drückte mir die Partituren von Gustav Mahlers neunter Symphonie in die Hand, und wir saßen hörend und lesend im Salon.

Nie zuvor in meinem Leben hatte ich ein Musikstück auf derart intensive und genaue Weise gehört. Ich war hingerissen, sowohl von der Symphonie selbst als auch von der Art, zu hören. Besonders der vierte und letzte Satz, das *Adagio. Sehr langsam und noch zurückhaltend* hatte es mir angetan. Ich vernahm darin ein Schweigen, das sich ankündigte, das sich ausbreitete und von der Zeit selbst Besitz zu ergreifen schien. Vertont wurden, so hörte ich es, die Stimmen, die im weiteren Verlauf des zwanzigsten Jahrhunderts auf so gewaltvolle Weise zum Verstummen gebracht wurden, die aber darüber hinaus nicht verstummen durften, da nur sie es waren, die Zeugenschaft ablegen konnten. Die Zeit, die noch kommen sollte, verkörperte sich in diesem Satz. Da sie selbst nicht glauben konnte, was sie bringen würde, zog sie es vor, sich einem vielschichtigen Schweigen zu überlassen.

Gustav Mahler berichtet in einem Brief, der auf den 1. April 1910 datiert und an seinen Freund Bruno Walter adressiert ist, dass er seine neunte Symphonie fertiggestellt habe. Zwischen der Fertigstellung der Komposition und dem Abend, an dem ich sie zum ersten Mal gehört habe, liegen vierundneunzig Jahre, in denen zwei Weltkriege und viele Bürgerkriege stattgefunden hatten, in denen Millionen von Menschen aufgrund ihres Glaubens, ihrer ethnischen und nationalen Zugehörigkeit ermordet wurden. Meine Wahrnehmung des Musikstücks ist von diesem Wissen beeinflusst. Da es aber nicht möglich ist, mir diese Symphonie anzuhören und die Ereignisse im zwanzigsten Jahrhundert ›einfach‹ zu vergessen, denke ich, dass sie, so wie viele andere Kunstwerke, zum Verständnis von Zusammenhängen beiträgt, die nach ihrer Zeit liegen, die also erst nach ihrer Entstehung eingetreten sind.

Wenn ich mir den Augenblick vorstelle, an dem Leo vielleicht schon das Fenster geöffnet und, wie es in dem Lied von Ludwig Hirsch heißt, den »Zucker aufs Fensterbrett gestreut« hat, um den Tod anzulocken, dann wünsche ich mir von ganzem Herzen, dass er die Zeit, die er sich in diesem Leben noch ließ, damit verbracht hat, Musik zu hören. Ich hoffe, dass er Abschied nehmen konnte von sich, von seinem Leben, von den Musikstücken, die er am meisten geliebt hat. Dass ihn seine Entscheidung und seine geschäftige Sorge, noch alles für die Hinterbliebenen zu regeln, nicht überwältigt, ihm nicht den Atem dafür genommen hat, noch einmal jenen Klängen zu lauschen, die auch von dieser Welt sind, so unerträglich ihm sein Leben in dieser auch erschienen sein mag.

2.

»Das Leben ändert sich schnell. Das Leben ändert sich in einem Augenblick. Man setzt sich zum Abendessen, und das Leben, das man kennt, hört auf. Die Frage des Selbstmitleids.« Die Schriftstellerin Joan Didion beginnt ihren Essay *Das Jahr magischen Denkens* mit diesen Zeilen. Es waren die ersten, die sie wenige Tage, nachdem ihr Ehemann plötzlich verstorben war, geschrieben hat.

Am Abend des 30. Dezember 2003 kehren Joan Didion und John Gregory Dunne aus einem New Yorker Krankenhaus zurück: Ihre Tochter Quintana kämpft auf der Intensivstation um ihr Leben. Nach einem mysteriösen grippalen Infekt, der sich zunächst zu einer leichten, später zu

einer schweren Lungenentzündung ausgewachsen hatte, erlitt sie einen septischen Schock. Die Ärztinnen und Ärzte wagen zu diesem Zeitpunkt keine Prognose darüber, ob sie »es schaffen wird« oder nicht. Joan macht sich an die Zubereitung des Abendessens, John sitzt am Wohnzimmertisch und trinkt ein Glas Scotch.

»John redete, dann redete er nicht.« Sie weiß nicht, worüber sie gerade gesprochen hatten, ob sie »beim Scotch oder beim Ersten Weltkrieg waren, als er plötzlich zu reden aufhörte«. Sie denkt zunächst an einen »missglückten Scherz«, an »einen Versuch, die Schwierigkeit des Tages erträglicher aussehen zu lassen« und fordert ihn auf, damit aufzuhören. »Als er nicht reagierte, war mein erster Gedanke, dass er schon angefangen hatte zu essen und sich dabei verschluckt hatte. Ich erinnere mich, wie ich versuchte, ihn so weit wie möglich von der Lehne wegzurücken, um ihm auf den Rücken klopfen zu können. Ich erinnere mich, wie sich sein Gewicht anfühlte, als er nach vorn fiel, zuerst gegen den Tisch, dann auf den Fußboden.«

Der Notarzt, den Joan Didion verständigt, kann ihren Mann nicht ins Leben zurückholen. Ob er bereits im Wohnzimmer verstorben ist oder kurze Zeit später im Krankenhaus, erfährt sie nicht.

Im darauffolgenden Jahr, im titelgebenden *Jahr magischen Denkens,* wird sie unbewusst alles tun, damit John »zurückkommt«. Sie entsorgt nicht alle seine Kleider und Schuhe – schließlich braucht er etwas zum Anziehen; sie verreist nur unter Vorbehalten oder nur dann, wenn es zwingend notwendig ist, etwa dann, als ihre Tochter wenige Wochen nach ihrer Genesung in Los Angeles zusammenbricht und erneut in Lebensgefahr schwebt. Sie versucht, Zusammenhänge zwischen früheren Lebensentscheidungen und dem Tod ihres Mannes beziehungsweise der Erkrankung ihrer Tochter zu knüpfen: Wäre all das geschehen, wenn sie Ende der 1980er nicht von Los Angeles nach New York gezogen wäre? Wenn sie das »rote Blinklicht« des Rettungswagens vor ihrem damaligen Nachbarhaus nicht als Warnzeichen dafür »missverstanden« hätte, L. A. besser zu verlassen, »könnte ich dann heute in mein Auto steigen und den San Vincent Boulevard Richtung Westen fahren und John im Haus in Brentwood Park finden? Würde er im Pool stehen? Und zum wiederholten Mal *Sophies Wahl* lesen?«

»Man setzt sich zum Abendessen, und das Leben, das man kennt, hört auf.« Joan Didion und John Gregory Dunne ist keine Sekunde lang Zeit geblieben, voneinander Abschied zu nehmen. John wurde, wie man auf Deutsch sagt, »mitten aus dem Leben gerissen«, trotz seiner Herzprobleme völlig unerwartet und zu einem Zeitpunkt, an dem das Leben seiner Tochter am seidenen Faden hing. Joan Didion konnte nichts ändern, weder an der Krankheit ihrer Tochter noch an dem Herzstillstand ihres Lebensgefährten. Ihr blieb die Zeit, sich damit zu befassen, ob ein anderes Ende möglich gewesen wäre beziehungsweise immer noch möglich ist.

Bei ihrer Tochter unternimmt sie alles, um Einblicke in die medizinische Betreuung zu erhalten und Einfluss darauf zu nehmen. Sie liest Fachliteratur und bedient sich gewandt kommunikativer Tricks, um das Krankenhauspersonal unauffällig auf bestimmte, für Patientinnen im künstlichen Tiefschlaf wiederkehrende Risiken aufmerksam zu machen. Bei ihrem Mann versucht sie das Gleiche, allerdings unter ganz anderen Vorzeichen: Sie verhandelt nicht direkt mit dem Tod, sie hält an dem fest, was ihr von John noch geblieben ist, sie hält sich bereit – dafür, dass er zurückkommt ebenso wie dafür, die Verantwortung für eine tragische Verkettung von Entscheidungen zu übernehmen.

»Die Frage des Selbstmitleids.« Ohnmacht ist ein sehr mächtiges Gefühl. Es schließt eine aus einem Leben aus, das sie, mitunter wenige Minuten davor, noch zu führen glaubte, von dem sie dachte, sie habe es zu einem guten Teil selbst in der Hand. Die fatalen Verknüpfungen, die zu einem unerwarteten, sehr schmerzhaften Ereignis geführt haben, herzustellen, bedeutet, ihnen einerseits – wenn schon keinen Sinn, so doch – einen überschaubaren, verständlichen Ablauf zu verleihen und sich selbst andererseits die Möglichkeit einzuräumen, sich vorzustellen, man hätte etwas verändern, man hätte etwas dagegen tun können. So quälend diese Vorstellung auch ist, sie restituiert zumindest einen Bruchteil jenes Handlungspotenzials, das auf einen Schlag verloren gegangen ist.

Ich habe mich immer wieder gefragt, was mir Leo damals erzählen wollte, als er wenige Minuten vor meinem Abflug nach Athen und drei Tage, bevor er aus dem Fenster sprang, anrief. Ob ich, wenn ich mit ihm gesprochen hätte, etwas geahnt, ob ich, wenn ja, etwas unternommen hätte. Wie wäre es mir gegangen, wenn ich mit ihm gesprochen und nichts geahnt hätte? Hätte ich dann begonnen, nach den Hinweisen, die es im Gespräch vielleicht gegeben hatte, zu suchen, hätte ich mir meine vermeintliche Taubheit verziehen? In welchem Licht hätte ich dieses Gespräch betrachtet, sobald mir klar geworden wäre, dass es sich um ein Abschiedsgespräch handelt? Und welche Bedeutung hat dieser Abschied, den ich nicht genommen, den ich in Form dieses Anrufes nicht angenommen hatte, tatsächlich für mich?

Das Gefühl, eine der allerletzten Möglichkeiten, Leos Entscheidung abzuwenden, versäumt zu haben, hatte dank der Zusprachen meiner Freundinnen und Freunde nicht lange Bestand. Ich begriff, dass meine Vorstellung, ich hätte vielleicht doch noch etwas daran ändern können, Ausdruck von anmaßendem Selbstmitleid war. Es ist, denke ich, wesentlich leichter, das zu begreifen, wenn man das Leben, das mit einem Schlag zu Ende ging, nicht geteilt hat, wenn also alle Möglichkeiten, etwas von einem solchen Entschluss zu ahnen, zeitlich und räumlich sehr beschränkt sind und sich nicht auf einen gemeinsamen Alltag ausdehnen.

Der Gedanke, dass wir von der schließlich endgültig tödlichen Erkrankung meines Vaters nichts mitbekommen hatten, war für meine Mutter, meinen Bruder und mich lange Zeit bedrückend. Dass wir nicht wussten, wie wenig Zeit ihm angesichts der Krebsdiagnose noch bleiben sollte, und dass wir darauf nicht entsprechend reagieren konnten.

Nur, wie hätten wir reagiert, wie hätten wir reagieren können? Wenn es seine Entscheidung war, uns nichts von der Diagnose zu erzählen, um sein Leben auf seine Art und Weise zu Ende führen zu können, wie wäre das mit unseren Gefühlen von Selbstmitleid, mit unseren Bedürfnissen, auch unter diesen Umständen noch etwas tun zu wollen, zu vereinbaren gewesen?

Die Entscheidung meines Vaters ist weniger rätselhaft als Leos Entscheidung, von der wir nicht wissen, wie sie zustande kam, was für ihn in seinem Leben, in dieser Welt, derart unerträglich geworden war. Der Schmerz allerdings ist sehr ähnlich: Ab einem gewissen Punkt ist es auch den nächsten und vertrautesten Menschen nicht mehr möglich gewesen, an einer Entscheidung, die ohne sie, ohne ihr Wissen, ohne ihr Einverständnis getroffen wurde, etwas zu ändern.

»Ich verstehe nicht, was daran gut sein soll«, sagt Joan Didion ein halbes Jahr nach dem Tod ihres Mannes zu einem befreundeten Arzt auf dessen Frage hin, wie es ihr gehe. Er zeigt sich verständnisvoll und meint, dass er wisse, was sie eigentlich sagen wolle, dass sie nämlich »das Licht am Ende des Tunnels« noch nicht sehen könne. Als sie über den Unterschied der beiden Formulierungen nachdenkt, bemerkt sie, dass sie sich zu den Menschen zählt, die »jede Situation auf das Gute hin untersuchten«: »Ich hatte an die Logik von Schlagern geglaubt. [...] Mir wird auch jetzt klar, dass die Logik dieser früheren Lieder auf Selbstmitleid beruht. [...] Die Sängerin des Liedes, in dem der Lichtstreif am Horizont gesucht wird, glaubt, dass Wolken sich über ihr zusammengebraut haben.«

Ihre Tochter Quintana bezeichnete es etliche Jahre zuvor, nachdem eine ihrer Freundinnen umgebracht worden war und sich einer ihrer Onkel das Leben genommen hatte, als »ungleiche Verteilung schlechter Nachrichten«. John Gregory Dunne verlieh damals seiner Überzeugung Ausdruck, dass sich das »am Ende« alles ausgleiche. Damit meinte er nicht, wie Joan Didion es verstanden hatte, dass die mit den vielen schlechten Nachrichten bald auch wieder gute bekämen, sondern dass es alle treffen würde, früher oder später.

»Sehen Sie sich diesen Fall von ›Glück haben‹ an. Ich glaubte nicht nur nicht, dass es ›Pech‹ war, was John getötet und Quintana gehabt hatte. Ich glaubte sogar genau das Gegenteil: Ich glaubte, ich hätte in der Lage sein müssen zu verhindern, was immer passiert war. Erst nach dem Traum, in dem ich allein auf dem Rollfeld des Santa Monica Flughafens zurückgeblieben war, kam mir in den Sinn, dass ich mir auf einer Ebene nicht selbst die Verantwortung zuschrieb. Ich schrieb John und Quintana die Verantwortung zu, ein wichtiger Unterschied, aber keiner, der mich irgendwohin brachte, wo ich eigentlich sein wollte.«

In Joan Didions Erinnerungen an ihr *Jahr magischen Denkens* zeigt sich die immense Schwierigkeit, die wir in unseren Breiten damit haben, jemanden, auch sich selbst, in einem umfassenden Sinn gehen zu lassen. Der dunkle Fleck, welcher der Tod nicht nur in den Augen einer Achtjährigen ist, scheint, wenn er in unser Blickfeld gerät, derart bedrohlich, dass wir versuchen, uns die Vorstellung von zumindest einem letzten Quäntchen Handlungsfähigkeit so lange zu bewahren, bis es uns gelungen ist, uns mit einem unwiderruflichen Abschied zu versöhnen. Die Umkehrung eines jahrzehntelangen Verdrängungsprozesses – wenn wir diesen auf einer gesellschaftlichen Ebene betrachten, müssen wir gar von einem jahrhundertelangen sprechen – nimmt viel Zeit in Anspruch.

Ein erster Schritt dorthin, wo Joan Didion »eigentlich sein wollte«, zeichnet sich ein paar Seiten weiter ab:

»Mir wurde klar, dass ich seit dem letzten Morgen des Jahres 2003, dem Morgen, nachdem John gestorben war, versucht hatte, die Zeit umzukehren, den Film rückwärts laufen zu lassen. Das war jetzt [...] acht Monate her, und ich versuchte es immer noch. Mit dem Unterschied, dass ich während der letzten acht Monate versucht hatte, die Filmrolle durch eine andere zu ersetzen. Jetzt versuchte ich nur noch, den Aufprall zu rekonstruieren, den Sturz des erloschenen Sterns.«

Beim »Sturz des erloschenen Sterns« bezieht sie sich auf einen Zeitungsbericht, den sie zu dieser Zeit gelesen hatte. Darin wird erläutert, warum der Astrophysiker Stephen Hawking seine Annahme, aus einem schwarzen Loch im Universum könne nichts mehr, auch keine Information mehr dringen, revidiert habe.

Wenn wir, was dem dunklen Fleck sehr nahe kommt, den Tod als schwarzes Loch betrachten, dem wir, sobald wir den Ereignishorizont passiert haben, nicht mehr entkommen können, dann gibt die theoretische Möglichkeit, doch noch etwas über den »erloschenen Stern« zu erfahren, Hoffnung – Hoffnung darauf, noch einmal Abschied nehmen beziehungsweise einen Abschied, der nicht stattfinden konnte, nachholen zu können.

3.

»abschied gibt es und die ganze welt. und immer wieder abschied davon«, zitiert Jana, die heimliche Zwillingsschwester der Schriftstellerin Ilse Kilic, die verstorbene Autorin Anita Pichler.

Im neunten Band des *Verwicklungsromans*, den Ilse Kilic und Fritz Widhalm beziehungsweise Jana Brenessel und i.g.Naz, das Alter Ego von Fritz Widhalm, seit vierundzwanzig Jahren gemeinsam schreiben, stellt Jana fest, dass sie keine »gute abschiednehmerin« sei: »ist es die magengrube, in die das wort abschied sticht, oder das herz, die jana weiß es nicht. sie weiß aber, dass sie keine gute abschiednehmerin ist. es soll ja menschen geben, die abschied und neubeginn in einem atemzug sagen können, die jana gehört nicht dazu. vielleicht deswegen, weil so viele abschiede in ihrem leben über die jana hereinbrachen wie gewitter mit blitz und donner, und weil diese so oft mit tod und verschwinden zu tun hatten.«

Wenn ein Abschied, der mit dem Tod zu tun hat, wie eine Naturgewalt, »wie gewitter mit blitz und donner« über eine hereinbrechen, ist der Schmerz darüber greller und deshalb vielleicht noch weniger zu begreifen. Anstatt einen Abschied »nehmen« und auf ihn bis zu einem, wenn auch noch so kleinen, aber dennoch gewissen Grad Einfluss ausüben zu können, bricht er in diesen Fällen, wie bei Joan Didion, bei Unfällen oder gewaltsam herbeigeführten Toden, in das Leben der Hinterbliebenen ein und stürzt es in eine Ungewissheit, von der es sehr schwierig ist, sich zu erholen. Etwas »Gutes daran« zu finden oder ein »neubeginn« liegen außer Sichtweite. Vielleicht zählt auch die unmittelbare Reinvestition eines Abschieds in das Potenzial eines uneingeschränkten Neubeginns zu jenen Mechanismen, die einer langsamen Umkehrung des alten Verdrängungsprozesses eher entgegenwirken, als sie zu unterstützen.

Die Bedeutung davon, Abschied »nehmen« zu können, den sterbenden Menschen und ihren Hinterbliebenen Zeit und Raum dafür zu geben, ist in unzähligen Publikationen, in Broschüren, Studien, Ratgebern, Interviews erörtert worden. Sie findet auch zusehends Eingang in die Praxis der Krankenhäuser, der Palliativstationen und Hospize.

Als mein Vater in der Nacht des Ostersamstags 2021 zum letzten Mal in seinem Leben in ein Krankenhaus gebracht wurde, stand – trotz Corona-Pandemie und Lockdown – außer Frage, dass meine Mutter, mein Bruder, Andreas und ich ihn am nächsten Tag sehen konnten. Wir wurden beim Eingang auf das Virus hin getestet, bekamen nach einem negativen Testergebnis einen grünen Punkt auf unsere Jacken geklebt und durften uns frei auf dem Spitalsgelände bewegen. Nur so war es möglich, dass wir den letzten Tag, an dem mein Vater noch bei Bewusstsein war, mit ihm verbrachten.

Als am Montagmorgen meine Mutter den Anruf erhielt, dass es voraussichtlich »nicht mehr lange dauern würde« und wir so schnell wie möglich wieder ins Krankenhaus kommen sollten, erkundigten wir uns, ob sich auch seine Mutter, seine Schwestern, seine Schwager, seine Nichten und Schwiegersöhne von ihm verabschieden durften.

Insgesamt versammelten sich schließlich zwölf Zugehörige in dem Palliativzimmer, in dem mein Vater, mittlerweile schon im Tiefschlaf, lag. Wir saßen und standen viele Stunden lang um sein Bett herum. Oft gab es Momente, in denen wir weinten, aber wir lachten auch über alte Anekdoten, die wir uns erzählten und die wir, wie es sich für Familiengeschichten gehört, prächtig ausschmückten. Immer wieder trat jemand an Papas Bett, berührte seine Hände, sein Gesicht, seine Brust, und nahm sich Zeit und Ruhe, mit ihm alleine zu sprechen. Wir aßen mitgebrachte Früchte, belegte Brote und Kekse, wir versorgten uns mit Kaffee und Getränken.

Diesen Ostermontag verbrachten wir zusammen im unmittelbaren Angesicht eines unwiderruflichen Abschieds.

Die ersten paar Male, als ich mit meinem Bruder gemeinsam das Zimmer verließ, um im Hof des Spitals eine Zigarette zu rauchen, ergriff mich nach wenigen Schritten die Panik. Ich fürchtete, dass mein Vater genau in den zehn Minuten, die ich benötigte, um hinauszugehen und zu rauchen, sterben könnte. Ich dachte, ich würde es mir nie verzeihen, wegen einer schlechten Angewohnheit nicht bei ihm sein zu können.

Heute denke ich, dass es vielmehr darum ging, dass ich zu diesem Zeitpunkt ›meinen‹ Abschied von ihm noch nicht genommen hatte beziehungsweise dass die Reihe an Abschieden, die ich von ihm nehmen wollte, noch nicht vollständig war.

Im Laufe des Tages sind meine Bedenken, dass er genau während meiner Zigarettenzeit sterben würde, geringer geworden und schließlich sogar ganz verflogen. Das lag hauptsächlich wohl daran, dass mein Vater nicht, wie von den Ärztinnen vermutet, binnen weniger Stunden starb, sondern dass er den ganzen Tag lang ruhig weiteratmete. Wie wir uns gegenseitig versicherten, sah er dabei aus, als wäre er in seinen üblichen Nachmittagsschlaf vertieft, nur die monotonen Geräusche der Formel-1-Boliden aus der Fernsehübertragung fehlten. Auf der anderen Seite aber habe ich auch einen Rhythmus dafür gefunden, wie ich ›meinen‹ Abschied von ihm gestalten wollte: Mit Menschen, die ihn sehr gut und auch über meine eigene Lebenszeit hinaus kannten, über ihn zu sprechen war ebenso Teil davon wie die Zeit, die ich bei ihm am Bett verbrachte. Ich erzählte ihm dabei alles Mögliche, ohne noch etwas Dringendes klären oder ›loswerden‹ zu müssen.

Die Abschiede, die wir an diesem Tag von ihm als Sohn, als Lebensgefährten, als (Schwieger-)Vater, Bruder und Onkel nahmen, standen, soweit ich das beurteilen kann, nicht im Schatten irgendwelcher Versäumnisse, die es in allerletzte Minute zu bereinigen gegolten hätte.

Die Erinnerungen an diesen Tag sind schmerzhaft, aber da sie so viele Menschen miteinander teilen, sind sie auch ungemein wertvoll: Wir können einander immer und immer wieder von diesem Tag erzählen, den wir gemeinsam am Sterbebett meines Vaters verbracht haben. Eine erinnert sich dabei an dieses Detail, ein anderer an jenes. An diesem sehr schönen und sehr traurigen Mosaik, das sich aus unzähligen kleinen Abschiedsmomenten zusammensetzt, bauen wir gemeinsam. Gemeinsam haben wir einen Unterschlupf errichtet, der uns vor der Naturgewalt eines Abschieds, der »wie gewitter mit blitz und donner« über uns hereinzustürzen droht, schützt.

Dass das möglich gewesen ist, verdanken wir den Mitarbeiterinnen und Mitarbeitern dieses Krankenhauses. Sie haben das Risiko, in einer akuten Pandemiezeit eine große Anzahl an Menschen unterschiedlichen Alters stundenlang in einem Zimmer auf ihrer Lungenstation Abschied nehmen zu lassen, auf sich genommen, ohne auch nur in irgendeiner Form die blutsverwandtschaftlichen oder offiziellen Familienverhältnisse zu überprüfen. Niemand hat sich zum Beispiel dafür interessiert, dass weder mein Bruder noch ich mit unseren Lebensgefährten verheiratet sind.

Ich empfinde großen Respekt und tiefe Dankbarkeit für diese Entscheidung, bei der das Risiko, Menschen die Möglichkeit eines Abschiedes vorzuenthalten, offenkundig höher eingeschätzt wurde als jenes, dass ein Covid-19-Cluster entstehen könnte. Aus zahlreichen Berichten und persönlichen Schilderungen weiß ich, dass das nicht der Regelfall war.

Welche Bedeutung es hat, Abschied nehmen zu können, zeigen auch die Studien des Neuropsychiaters Peter Fenwick. Seit rund zwanzig Jahren forscht er zu Sterbeprozessen und Nahtoderfahrungen. Für eine seiner ersten Studien wurde ihm von einer Ethikkommission untersagt, direkt mit den sterbenden Patientinnen und Patienten zu sprechen. Er befragte also die Pflegerinnen und Pfleger in Hospizen und auf Palliativstationen zu ihren Erfahrungen mit sterbenden Menschen.

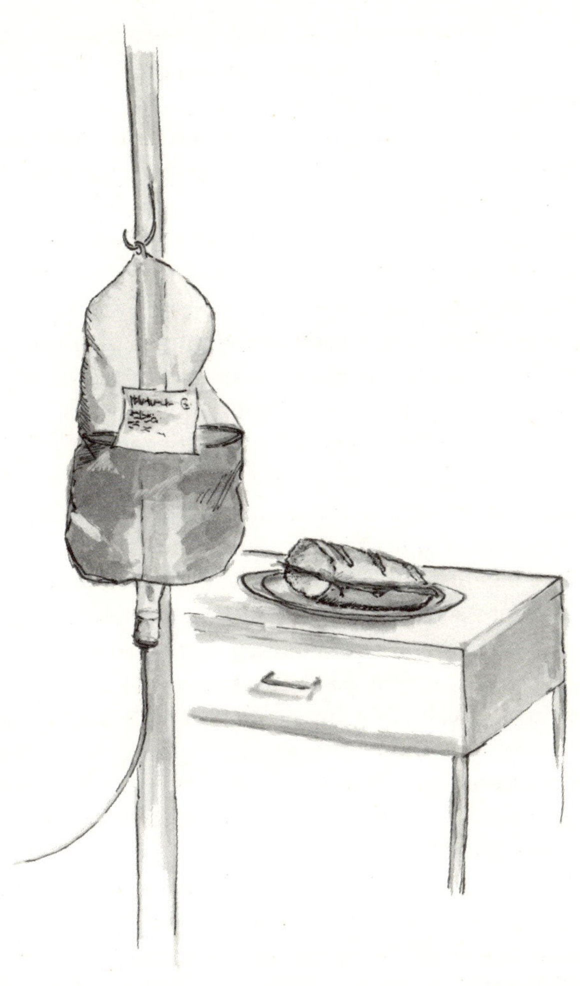

Viele von ihnen berichteten, dass kurz bevor jemand verstarb, nahestehende Menschen erschienen: Sie saßen, obwohl physisch nicht tatsächlich anwesend, an den Betten oder verließen die Zimmer. Ein Großteil dieser geschilderten Beobachtungen beruht darauf, dass die Pflegerinnen und Pfleger die Sterbenden mit nicht real anwesenden Personen sprechen hörten. Ein Teil von ihnen aber sah die Menschen, die sich oftmals in weiter Ferne befanden und nicht vor Ort sein konnten, im Zimmer sitzen oder an ihnen vorübergehen. Umgekehrt hat Peter Fenwick zahlreiche Berichte darüber gesammelt, wie Hinterbliebenen, die sich nicht am Sterbebett einfinden konnten, die sterbende Person zum exakten Zeitpunkt ihres Todes in einem Tag- oder Nachttraum erschien.

Dass es sinnlos sei, diese Erscheinungen als Halluzinationen abzutun, die durch rein neuronale Prozesse verursacht würden, begründet er mit den wenigen Fällen, in denen auch eine Pflegerin oder ein Pfleger die physisch abwesenden Zugehörigen tatsächlich gesehen und gehört hat, ebenso wie mit der Frage, worin die Unterscheidung zwischen einer ›halluzinierten‹ und einer ›echten‹ Wahrnehmung eigentlich bestehen solle: Beide seien Ausdruck eines Bewusstseins, das seinen Erkenntnissen zufolge nicht ausschließlich von unseren Neuronen produziert werden könne. Es gebe, so Fenwick, eine Art größeres Bewusstsein, das weit über unsere Köpfe und Nervengeflechte hinausreiche. Die Anzeichen dafür, die er im Rahmen seiner Studien gesammelt habe, seien zahlreich und würden sich nicht so einfach als religiöse und spirituelle Fantasien abwenden lassen.

Zu diesen Anzeichen zählt er unter anderem eine ziemlich präzise Dramaturgie des Sterbeprozesses, in dessen Verlauf am Ende oft ein erstaunliches Moment an Klarheit liegt. Patientinnen, die schon lange im Koma gelegen hätten, Patienten, die sich seit Monaten nicht mehr bewegen konnten, würden sich plötzlich aufrichten und sprechen.

Im Zuge seiner Studien zu Nahtoderfahrungen habe er außerdem festgestellt, dass es »kulturelle Faktoren« gebe, welche die Bilder von den Enden unserer Leben beeinflusse, nicht nur in den Dar- und Vorstellungen, sondern auch im Erleben einer unmittelbaren Todesnähe. Das warme Licht am Ende des Tunnels ist unseren Breiten vorbehalten, in anderen Weltgegenden sind es Boote, die zu Wasser gelassen werden, oder Gärten, die sich vor den inneren Augen öffnen. Die allermeisten Nahtoderfahrungen sind als angenehm geschildert worden: Der Weg zurück in das Leben wurde als anstrengender empfunden, als »einfach« weiterzugehen, sei es auf das Licht zu, ins Wasser oder in den Garten hinein.

Diese Erkenntnisse führten Peter Fenwick dazu, eine weitere Dimension des Abschiednehmens in Betracht zu ziehen, den Abschied von sich selbst, vom eigenen Leben in der »Dualität« von Körper und Bewusstsein. Die Schwierigkeit bestehe darin, sich zu Lebzeiten in dieser Welt ohne Körper vorzustellen. Es sei aber »enorm wichtig«, während des Sterbeprozesses in der Lage zu sein, den Körper liegen und das Bewusstsein gehen zu lassen. In seiner Konzeption eines Bewusstseins, das über die rein physischen Funktionen hinausreicht, gibt es, nachdem der Tod eingetreten ist, keinen Körper mehr. Das ›neue Leben‹ bestehe in ganz anderen Verbindungen, die nichts mit unseren Erfahrungen als physische Lebewesen zu tun hätten.

Peter Fenwick zufolge können wir uns nach unserem Tod also nicht wie in Ludwig Hirschs Lied lachend und singend und voll euphorischen Staunens »das gibt's net!« rufend imaginieren – dazu fehlt der Körper. Dennoch liegt auch in Fenwicks Plädoyer dafür, sich so früh wie möglich auf einen gelassenen Abschied von sich selbst vorzubereiten, die Möglichkeit des Staunens über eine vollkommen neue Erfahrung.

In dieser Hinsicht reihen sich seine Auffassung des Sterbeprozesses sowie seine Konzeption eines Bewusstseins, das nicht ausschließlich physiologische Grundlagen hat, in die lange und sehr alte Tradition jener Erzählungen ein, die im Tod nicht ein endgültiges Ende, sondern eine Schwelle zu einem neuen beziehungsweise ganz anderen Leben sehen.

Die Darstellungen eines ›Lebens nach dem Tod‹ changieren dabei von ›neu‹ im Sinne von psychisch und physisch wieder ganz hergestellt bis hin zu ›ganz anders‹ in einer Form, die sich nur noch innerhalb quantenphysikalischer Theoreme nachvollziehen lässt.

Inwieweit diese Abstraktion des Körpers vom Bewusstsein den Hinterbliebenen hilft und ihnen Trost spendet, lässt sich nicht allgemein sagen. Fest steht, dass diese Form des Abschieds vom Körper nur auf einer individuellen Ebene als eine Art Befreiung oder als Aufbruch in eine neue Dimension begriffen werden kann. »Das Ende der Welt« hingegen ist ein physikalisches, bei dem wir Menschen in unterschiedlichem Ausmaß die Veränderungen der Temperatur, des Meeresspiegels, der Wind- und Wetterverhältnisse zu spüren bekommen. Vom menschlichen Körper abzusehen, um sich damit zu trösten, dass »das menschliche Bewusstsein« die Zerstörung der materiellen Lebensgrundlagen überdauern wird, fiele in die Kategorie jenes »erhabenen« Optimismus, den sich nur diejenigen leisten können, die für die entsprechenden Abstraktionen über genügend Zeit sowie über ausreichende seelische und körperliche Kräfte verfügen.

Doch auch ohne Gedanken an ein physisches »Ende der Welt« ist es »enorm« schwierig, Abschied vom Körper zu nehmen. Das gilt für den eigenen Körper ebenso wie für die Körper geliebter Menschen. Selbst wenn ich mich damit tröste, dass der verstorbene Vater, die verstorbene Großmutter oder der verstorbene Freund sich nun in einem vollkommen anderen Bewusstseinszustand befindet, in dem weder der in Mitleidenschaft gezogene Körper noch irgendeine Auffassung von einem ›Ich‹ eine Rolle spielt, ich bleibe mit meinem Körper, in dem ich die Abschiede wahrnehme, zurück: »ist es die magengrube, in die das wort abschied sticht, oder das herz …«

Jana Brenessel, die heimliche Zwillingsschwester der Schriftstellerin Ilse Kilic, weiß, wie viel ein Abschied wiegt. Sie ist, wie sie sagt, keine »gute abschiednehmerin«, was auch bedeutet, dass sie Abschiede nicht auf die leichte Schulter nehmen kann. Vielleicht ist sie aber gerade deshalb eine »gute abschiednehmerin«, die nicht in Versuchung gerät, sich durch halbseidene Versprechungen von absoluten Neuanfängen oder ewigem Lebensglück abkanzeln zu lassen.

Abschiede sind anspruchsvoll, sie beanspruchen den Körper, die Seele und den Geist ebenso wie die Zeit, die es braucht, um sie zu nehmen. Die Zeit, die für einen Abschied – ob von sich selbst oder von einem anderen Menschen – bleibt, ist mit ausschlaggebend dafür, wie wir damit umgehen können, in welchem Ausmaß er uns in die Knochen fährt und wie lange er dort rumort.

Die Sterbeprozesse, die Peter Fenwick in Hospizen und auf Palliativstationen für seine Studien begleitet beziehungsweise untersucht hat, sind absehbare gewesen: Keiner der Menschen wurde gewaltsam oder vollkommen unerwartet aus seinem Leben gerissen. Der Abschied hat sich in den Räumen selbst, in der Art der Pflege und der reduzierteren medizinischen Versorgung abgezeichnet.

In anderen Fällen gibt es für die Hinterbliebenen keine Möglichkeit, Abschied zu nehmen oder sich vorzustellen, dass der ermordete, verunglückte oder plötzlich verstorbene Mensch noch Gelegenheit hatte, sich bewusst von sich und seinem Körper zu verabschieden.

Vielleicht sollten das »Handbuch des Sterbens«, von dem Anne Boyer möchte, dass es jedem Menschen schon bei der Geburt überreicht wird, und Peter Fenwicks Plädoyer dafür, so früh wie möglich zu lernen, vom eigenen Ich mit all seinen physiologischen Voraussetzungen loszulassen, um einen Abschnitt über den Abschied von anderen ergänzt werden: Wenn wir darauf vorbereitet werden, wie schwer Abschiede wiegen und dass sie deshalb nicht auf die leichte Schulter zu nehmen sind, sinkt die Gefahr, dass sie wie Naturgewalten über uns hereinbrechen. Wir könnten lernen, an einem Unterschlupf zu bauen, der uns davor schützt, uns Abschieden gegenüber vollkommen ausgeliefert zu fühlen, der uns aber auch daran erinnert, wie anspruchsvoll sie sind.

Wichtig bei dieser Art von Unterschlupf ist es, dass er aus einer gemeinsamen Praxis und einer geteilten Erfahrungswelt heraus entsteht, sonst läuft er Gefahr, wiederum zu einem der überdimensionierten, von ideologischen und religiösen Architekturen geprägten Gebäude zu werden, in dem sich eine nur mit größtem Bedacht zu bewegen wagt und sich dadurch erst recht einsam und verloren fühlt.

4.

Bei den Abschieden, bei denen ich es mit dem Tod zu tun bekomme, habe ich den Eindruck, dass die Zeit aus den Fugen gerät. Sie quillt über und versandet. Sie ist kein Bächlein mehr, das munter fortplätschert, kein Strom, der mich von einem Augenblick zum anderen trägt. Das lose Ende eines Lebensfadens, an den sich nicht mehr anknüpfen lässt, baumelt zwischen den Händen, die, vielleicht nur wenige Minuten zuvor, noch den Herzschlag gefühlt haben.

Ob ich nun an ein Leben nach dem Tod in welcher Form auch immer oder an einen endgültigen Abschied glaube, ich weiß nicht, ob und wann ein Wiedersehen stattfinden wird. Die Zeit, die zwischen dem Eintritt des Todes und einer Begegnung jenseits dieser Welt vergeht, folgt anderen Gesetzen. Sie ist unermesslich. Es gibt keine Geräte, die dabei helfen würden, ihren Verlauf innerhalb der geläufigen metrischen Systeme zu bestimmen. Das gilt für den »jüngsten Tag« der christlichen Glaubenslehren ebenso wie für ein atheistisches »für immer«.

Kindern ergeht es auch bei aus erwachsener Sicht temporären Abschieden so: Sie können sich ein »kommt bald wieder« genauso wenig vorstellen wie ein »bis in drei Tagen« oder »bis in zwei Wochen«.

Ich erinnere mich an den Schmerz, den ich als Vier- oder Fünfjährige empfunden habe, wenn mein Großvater sich nach einem längeren Besuch verabschiedet hat. Es war die Zeit, in der er, nachdem seine Frau gestorben war, oft mehrere Tage bei meinen Eltern, bei meinem Bruder und mir verbracht hat.

Ich sehe mich am Küchenfenster stehen, den Kopf zwischen Vorhang und Glas geschoben. Ich beobachte, wie mein Vater den Koffer in den blauen Peugeot mit den ockerfarbenen Sitzen lädt. Mein Opa steht auf seinen Gehstock gestützt an der Beifahrertür, im Gesicht die schwarze Hornbrille, in der Hand die braune Aktentasche, in der sich, wie ich ganz genau weiß, seine beiden Kalender, das Schreibetui und die Hefte mit den Kreuzworträtseln befinden. Er hebt den Kopf, wirft mir ein schmales Lächeln zu, und schon verschwindet er im Auto. Ich weine, als ginge es um sein Leben. Jeder Versuch, mich damit zu trösten, dass er bald wiederkommen würde, greift ins Leere.

Mein Mäh-Opa ist weg, das ist alles, was zählt.

Es waren stets zwei Taschenkalender, die mein Großvater mit sich führte. In dem einen vermerkte er alle wiederkehrenden Daten, die Geburts- und Sterbetage, die Hochzeiten und Jahrestage besonderer Ereignisse. In den anderen schrieb er Tag für Tag zwischen die engen Zeilen Stichworte zur Wetterlage und zu seinem körperlichen Zustand.

Kurz nachdem mein Großvater gestorben war, fielen mir diese beiden Kalender aus seinem Sterbejahr in die Hände. Der eine lief einfach weiter: Als wäre nichts geschehen, erinnerte er an die bevorstehenden Geburtstage. Der andere jedoch endete exakt an jenem Tag, an dem mein Opa gestorben war. Der letzte Eintrag vom 27. September 1997 lautete: »9 Grad, heiter«. Wenige Stunden, bevor sein Leben zu Ende ging, hatte sich mein Großvater die Mühe gemacht, die Außentemperatur festzustellen und aufzuschreiben. Bis zuletzt hatte er sich in und mit dieser Welt aufgehalten.

Als Jugendliche, die ich zu dieser Zeit war, erschien mir dieser Kalendereintrag unendlich traurig. Ein sterbender Mensch, der nichts Besseres zu tun hatte, als sich mit Details zum Wetter zu beschäftigen – wie traurig, leer und einsam musste das Leben in diesem Moment sein, der letzte Augenblick nicht investiert in einen großen, alles erhellenden Gedanken, sondern vergeudet an die Banalitäten dieser ohnehin unendlich tristen Welt.

Im Unterschied zu damals stelle ich mir heute den Moment, in dem mein Großvater den Kalender zur Hand nimmt und sich noch einmal in dieser Welt verankert, nicht traurig, leer und einsam vor. Im Gegenteil: Er konnte bis zuletzt seinen Gewohnheiten gemäß sein Leben fortsetzen, davon zeugt dieser Eintrag.

Ich weiß nicht, ob mein Großvater zu diesem Zeitpunkt ahnte, dass sein Leben zu Ende ging. Der Neuropsychiater Peter Fenwick geht davon aus, dass die meisten Menschen von einer Todesahnung, die sehr unterschiedlich aussehen kann, gestreift werden.

Mein Großvater verbrachte den Morgen noch in seiner Wohnung. Am Vormittag kam ihn meine Mutter in der rund fünfzig Kilometer entfernten Kleinstadt, in der er lebte, besuchen. Sie waren verabredet und wollten zusammen etwas unternehmen. Als meine Mutter bemerkte, dass es meinem Großvater nicht gut ging, fuhr sie mit ihm ins Krankenhaus. Sie half ihm, die Tasche zu packen und sich im Krankenhauszimmer einzurichten. Ein weiterer Angina-Pectoris-Anfall wurde diagnostiziert. Meine Mutter wusste ihren Vater in guten, professionellen Händen, die mit einer nicht zwingend lebensbedrohlichen Situation umzugehen verstanden, und machte sich wieder auf den Weg nach Hause. Sie hatte gerade die Haustür aufgeschlossen als das Krankenhaus anrief, um ihr mitzuteilen, dass ihr Vater gestorben war.

Mein Großvater war der erste tote Mensch, den ich gesehen habe. Die Erinnerungen an diesen Nachmittag sind verschwommen. Ich weiß, dass ich unmittelbar, nachdem mir meine Mutter am Telefon von seinem Tod berichtete, in Tränen ausgebrochen bin, dass mich mein damaliger Freund mit dem Moped nach Hause gefahren hat, dass ich unbedingt meine Lieblingsschuhe, blitzblaue Doc Martens, tragen wollte, da ich das Gefühl hatte, ohne sie die Situation nicht durchstehen zu können.

An das Zimmer im Krankenhaus, in dem mein Opa lag, erinnere ich mich vage. Als wir dort eintrafen, hatte die Totenstarre noch nicht vollständig eingesetzt. Wie in tiefen Schlaf gehüllt lag er da, nur die Haltung seines Körpers war zu gerade, zu gespannt für jemanden, der in einigen Stunden wieder aufwachen würde. Ich glaube, ich habe ihn noch einmal berührt, ohne Angst und ohne Schrecken, zumindest ist mir davon nichts in Erinnerung geblieben.

Sehr berührt haben mich auch die beiden Kalender, die mir wenige Tage danach in die Hände gefallen sind. »In die

Hände gefallen«: Ich habe sie aus der Aktentasche gezogen, die meine Eltern, nachdem sie seine Wohnung ausgeräumt hatten, mitbrachten. Zum ersten Mal habe ich gesehen, was mein Großvater tatsächlich in seine Kalender, die wir so oft gesehen hatten, schrieb. Über beiden weinte ich: über den einen, der so tat, als würde das Leben auch so ganz ohne ihn einfach weitergehen; und über den anderen, der bezeugte, dass dieses eine Leben nun unwiderruflich zu Ende war.

Natascha Wodin beschreibt in *Irgendwo in diesem Dunkel*, wie ihr Vater, mit dem sie viele schwere, gewaltvolle Jahre nach dem Freitod ihrer Mutter verbracht hat, jahrelang in einem Pflegeheim liegt. Sein körperlicher, schließlich auch sein geistiger Zustand verschlechtert sich stetig, dennoch ist es ein sehr langer Zeitraum, in dem sie ihn regelmäßig und mit gemischten Gefühlen dort besucht. Selbst am Ende seines Lebens lässt er sie, seine Tochter, die er drangsaliert und geschlagen hat, nicht los.

Einige Wochen, bevor er stirbt, hat sie das Gefühl, dass er »schon vor seinem Tod aus diesem Zimmer verschwunden gewesen« sei: »Man hatte den Teppichboden entfernt, unter dem ein graues, verklebtes Linoleum zum Vorschein gekommen war [...]. Die Lupe, die braune Strickjacke, die noch über dem Stuhl hing, die Hausschuhe, die er im Altersheim doch noch zu tragen gelernt hatte, seine Armbanduhr – das alles gehörte einem Menschen, der nichts mehr davon brauchte. Der russische Abreißkalender an der Wand zeigte ein lang zurückliegendes Datum an, den Tag, an dem mein Vater zum letzten Mal ein Kalenderblatt abgerissen hatte, den Tag, an dem er aus der Zeit herausgetreten war oder keine Kraft mehr gehabt hatte, die Hand zu heben.«

All die Gegenstände, mit denen Natascha Wodins Vater seinen täglichen Umgang pflegte, sind bereits zu seinen

Lebzeiten »verwaist«. Er ist »aus der Zeit herausgetreten«, während sein Herz noch schlägt.

Mit unseren Gewohnheiten und in unseren Kalendern verankern wir uns in der Zeit. In ihr messen wir unsere Lebensspannen, sie taktet die Dinge, die wir verrichten, sie stundet unsere Begegnungen, unsere Träume und Wahrnehmungen. Andererseits reicht sie weit über uns hinaus. Sie vergeht auch ohne uns, schlägt ihre Zähne in Gesteinsschichten, verdichtet riesige Gaswolken zu Sternen, lässt eine Generation auf die andere folgen. Was heute in unseren Kalendern steht, kann morgen schon nichts mehr mit uns zu tun haben. Darin liegt dieses Gefühl von Vergänglichkeit, bisweilen auch von Vergeblichkeit, das uns in manchen Momenten vage, in anderen wiederum ganz konkret überkommt.

Als mich die Angst vor dem Tod so sehr im Griff hatte, war ich acht Jahre alt. In den drei oder vier Jahren, die zwischen meinen verzweifelten Abschieden von meinem Großvater und meiner täglichen Sorge, ich könne plötzlich sterben, lagen, habe ich gelernt, die Zeit auf die in unseren Breiten übliche Weise zu verknüpfen. Ich wusste, was »bald«, »in einer Stunde« oder »in drei Monaten« bedeutete, ich konnte Zeiträume abschätzen und hatte einen Begriff von »Vergangenheit«, »Gegenwart« und »Zukunft«. Nur deshalb war es möglich, dass ich immer wieder versuchte, einen Pakt mit dem Tod zu schließen.

Nicht, dass ich ihn adressiert hätte, ich habe ihn, soweit ich mich erinnere, damals nicht direkt angesprochen. Ich habe vielmehr allgemeine Verhandlungen über die Zeit, die mir noch bleiben sollte, geführt. Wenn ich etwa während der Erzählungen meines Bruders von der wunderbaren Insel einmal doch nicht eingeschlafen war und wach lag, bedrückt von der Angst, dass ich am nächsten Morgen nicht aufwachen würde, führte ich mir vor Augen, was alles vor mir lag, was ich nicht versäumen konnte. Ich dachte dabei an einen Schulausflug, der kurz bevorstand, an einen Besuch bei meinen Großeltern, der für den kommenden Sonntag geplant war, an die köstlichen Spaghetti Bolognese, die mein Vater nächsten Samstag kochen würde. All das werde ich, all das muss ich noch erleben, sprach ich mir wie ein Mantra vor.

Die Zeiträume, die ich dabei in Betracht zog, waren allesamt sehr überschaubar. Manchmal handelte es sich um Tage, manchmal um mehrere Wochen, aber ich habe mich damals nie in eine weitere Zukunft hineingedacht. Ich habe mir nicht vorgestellt, was ich zum Beispiel in zehn Jahren machen würde, wie mein Leben als berufstätige erwachsene Person aussehen könnte. Das alles lag mir zu fern, um mich vor der unmittelbaren Angst vor dem Tod, der mir so nahe schien, zu schützen. Es half mir, mich in einer nächsten Zukunft zu verankern, einer, die ich mir ganz konkret vorstellen konnte und die mir erreichbar schien.

Ich hantelte mich von einem Moment, der mir in angenehmer Aussicht stand, zum nächsten. Wie auf einer Kletterwand stieg ich den Verlauf meiner Lebenszeit empor, Schritt für Schritt, Griff für Griff. Ein Blick nach ganz oben, in den Himmel hinauf, hätte mich noch mehr schwindeln lassen, als es die Angst, abzustürzen, ohnehin schon tat. Ich wäre angesichts des langen und anstrengenden Weges, den es noch zu bewältigen galt, verzagt.

Der Soziologe Pierre Bourdieu hat sich zu Beginn seiner Feldstudien in Algerien unter anderem mit der Frage beschäftigt, warum die algerische Revolution, der Unabhängigkeitskampf gegen das koloniale Frankreich, zum allergrößten Teil von Menschen aus der Mittelschicht initiiert und getragen wurde. Jene Menschen, die er zum sogenannten Sub-, im marxistischen Terminus zum »Lumpenproletariat« zählte, waren von den Auswirkungen der Kolonialherrschaft in einem noch verheerenderen Ausmaß betroffen als diejenigen, die über gewisse Mittel, über Geld, Bildung und Kontakte verfügten. Ihr ganzes Leben wurde kolonialisiert: Sie wurden von ihren Subsistenzwirtschaften vertrieben, im Namen des Fortschrittes wurden ihre Solidargemeinschaften zerschlagen, sie wurden in ›moderne‹ Wohnungen gepfercht, mit denen sie, all ihrer Lebensgrundlagen beraubt, nichts anzufangen wussten.

Es wäre logisch erschienen, wenn sich die am meisten Unterdrückten als Erste zur Wehr gesetzt hätten. Dass dies nicht geschah, lag weniger an einem geringen Organisationsgrad oder an einer schlampigen, undisziplinierten

Lebensführung, wie es in marxistischen Schriften über das sogenannte »Lumpenproletariat« immer wieder heißt.

Die Barriere, die diese Menschen am untersten Rand einer kolonialen Gesellschaftsordnung nicht überwinden konnten, um in den Kampf für Freiheit und ein besseres Leben zu ziehen, war eine viel grundsätzlichere: Ihnen fehlten die Mittel, um sich vorzustellen, dass sie über ihre eigene Zukunft verfügen könnten. Die augenscheinliche Bereitschaft, sich einer Herrschaft zu fügen, resultierte nicht aus Faulheit oder Feigheit. Sie ist als Anpassungsstrategie an eine aussichtslose Situation zu begreifen. In dieser ist es nicht möglich, eine Perspektive auf das eigene Leben zu entwickeln, die weder über das, was am allernächsten liegt, noch über buchstäblich aus dem Himmel gegriffene Fantasien hinausreicht.

In seiner auf Deutsch unter dem Titel *Die zwei Gesichter der Arbeit* veröffentlichten Studie zeigt Pierre Bourdieu, dass nur jene Menschen, die über ein gewisses Maß an ökonomischer und sozialer Stabilität verfügen, einen Zugang zu ihrer Zukunft finden können. Nur ihnen ist es möglich, Perspektiven auf ihr weiteres Leben zu entwickeln und schließlich auch zu realisieren. Menschen, die keinerlei Mittel haben, mit denen sie sich in der Gegenwart verankern können, bleibt der Möglichkeitsraum, in den sie sich und ihre Zukunft projizieren könnten, verschlossen. Sie üben sich entweder in resigniertem Fatalismus oder überschätzen ihre Möglichkeiten maßlos, etwa wenn ein arabischer Mann, der mit kleinsten Reparaturarbeiten seinen Lebensunterhalt bestreitet, davon spricht, dass seine Tochter in Paris an der Sorbonne studieren werde. Ihr ist diese Möglichkeit nicht ›nur‹ rechtlich – Arabern und Araberinnen in Algerien wurde vom kolonialen Frankreich die zivilrechtliche Gleichstellung verweigert, sie hatten nicht dieselben Rechte wie französische Staatsangehörige –, sondern auch de facto nicht zugänglich. Es fehlt praktisch an allem, was es für einen sozialen Aufstieg in dieser Form benötigt: an Geld, an Kontakten, an Sprachkenntnissen, an Bildungserfahrung, aber auch an einem körperlichen Wissen darüber, wie man sich in einem solchen Rahmen zu bewegen hat.

Die Zeit, die den Menschen, die in äußerst prekären Verhältnissen leben, bleibt, um sich ein anderes, ein besseres Leben vorzustellen und die Voraussetzungen dafür zu schaffen, ist eine andere als für jene, die aus stabileren Lebenszusammenhängen heraus revolutionäre Perspektiven entwickeln können.

Die Zeit, die einer oder einem bleibt, ist ebenso wenig gleich wie der Tod: Das betrifft nicht nur die Unterschiede in religiösen und lebenspraktischen Auffassungen von einer zyklisch beziehungsweise progressiv verlaufenden Zeit. Das gilt für die physiologische Lebenserwartung ebenso wie für die Erwartungen, die an ein Leben gestellt werden können. In der Lage zu sein, bis ans Ende eines Lebens zu sehen, setzt ein enormes Maß an Stabilität voraus. Was über einen längeren Zeitraum hinweg absehbar ist und bleibt, hängt zu einem Teil von objektiv messbaren Faktoren wie Einkommen, Herkunft beziehungsweise Aufenthaltsort, Zugang zu medizinischen und ökonomischen Ressourcen ab. Die Möglichkeiten, Vorsorge zu treffen, sind nicht nur global, sondern auch innerhalb einer Region äußerst ungleich verteilt.

Zum anderen sind es konkrete Situationen, die mehr oder weniger unerwartet über eine oder einen hereinbrechen und ein Leben destabilisieren können. Dabei kann es sich um soziale oder ökologische Naturgewalten wie traumatische Abschiede oder Erdbeben, um Kriege, die vom Zaun gebrochen werden, um Gewalt, die einer oder einem angetan wird, um eine psychische oder physische Erkrankung handeln.

Wenn wir plötzlich in Bedrängnis geraten, werden die Schritte, die wir in Betracht ziehen können, kleiner. Wir können nicht mehr absehen von den unmittelbaren Zumutungen, mit denen wir konfrontiert sind, von den unmittelbaren Anforderungen, die an uns in einer Form gestellt werden, auf die wir nicht vorbereitet waren. Für die wir nicht vorsorgen konnten.

Ich denke, dass wir, die wir in Europa oder in Nordamerika leben, in Hinblick auf unsere individuelle Endlichkeit mehr oder weniger stillschweigend davon ausgehen, dass unser jeweiliges Leben etwas zählt: Je nach spirituellem oder philosophischem Zugang zu unserer ›bewussten Endlichkeit‹ üben wir uns in Demut, in Achtsamkeit oder in akademischer Überheblichkeit. Tatsache ist aber, dass innerhalb der sozialen Strukturen, deren Akteurinnen und Akteure wir sind, nicht jedes Leben zählt, nicht jede Zeit, die einem Menschen bleibt, gleich bemessen wird.

Es gibt einen Witz, den ich früher bedenkenlos weitererzählt habe und der eine zeitgenössische Variation auf Heinrich Bölls *Anekdote zur Senkung der Arbeitsmoral* darstellt:

Irgendwo in einer globalen Peripherie sitzt ein Fischer am Meer und flickt sein Netz. Ein weißer Unternehmensberater tritt an ihn heran und erkundigt sich, wie er es mit seinem Geschäft so halte. Der Fischer berichtet ihm, dass er jeden Tag frühmorgens losfahre, gegen Mittag wieder zurückkehre und seine Frau die Fische am Markt verkaufe. Die restliche Zeit verbringe er damit, aufs Meer zu schauen. Der Unternehmensberater will wissen, ob er denn so viel verdiene, dass er es sich leisten könne, stundenlang nichts zu tun. Seine Familie und er, sie fänden ihr Auskommen damit, antwortet der Fischer, woraufhin ihm der Unternehmensberater ein elaboriertes Konzept darüber vorlegt, wie er unter erheblichem Zeitaufwand sein Geschäft optimieren und viel mehr verkaufen könne. Wozu das gut sein solle, fragt ihn der Fischer. »Na um in der Pension dann ein ruhiges, beschauliches Leben führen zu können.« Der Fischer schüttelt den Kopf und lacht: »Warum soll ich mich jahrelang abrackern, nur um dann jenes Leben zu führen, das ich jetzt schon habe?«

Die Bedenken, die ich heute diesem Witz gegenüber hege, betreffen vor allem meine eigene Perspektive: In ihm verdichten sich meine Wunschprojektionen von einem ›einfachen Leben‹, das ich mir frei von entfremdeter Arbeit, von Profitstreben und Selbstoptimierung vorstelle. Dabei habe ich geflissentlich ausgeblendet, dass jener Fischer auch von dieser Welt ist, in der es keinen Ort, keinen Küstenstrich und auch keine Insel gibt, die nicht von den globalen sozialen und ökologischen Verwerfungen betroffen wäre. Ich habe ihn kurzerhand in meine Vorstellung von einer ›heilen Welt‹ verfrachtet, in der die Zeit, wie ich sie kenne und praktiziere, keine Rolle spielt.

Wie habe ich mir das vorgestellt? Dass dieser Fischer zum Beispiel an der Küste von Nigeria am Golf von Guinea sitzt und aus irgendwelchen Gründen weder Schutzgeld an die korrupte Küstenwache bezahlen noch sich darüber Gedanken machen muss, dass die nur wenige Seemeilen entfernt in internationalen Gewässern stationierten Fangstationen großer Konzerne den Fischbestand dezimieren? Dass es nicht nur seine, sondern auch die seiner Kinder und Enkelkinder bestmögliche Erwartung an das eigene Leben ist, ohne lesen und schreiben zu können Tag für Tag aufs Meer zu fahren, um sich beim Verkauf am Markt einer unmöglichen Konkurrenz zu den Industriefischern zu stellen? Dass es in einem ›einfachen Leben‹, in dem Zeit nicht die mir geläufige Rolle spielt, weniger mühsam ist, weite Strecken zu Fuß zu einem Trinkwasserbrunnen zurückzulegen und ohne die Annehmlichkeiten von Kühlschrank,

Wasch- oder gar Spülmaschine einen Haushalt zu führen? Dass es im Einklang mit ›der Natur‹ keinen Unterschied macht, ob man mit 54 Jahren stirbt, ob man fünf Kinder auf die Welt bringt, die man kaum ernähren und medizinisch adäquat versorgen kann? Habe ich mir wirklich vorgestellt, dass es in einem einfachen, glücklichen Leben keiner Zukunft bedarf, keiner Aussicht auf Veränderung, auf eine Verbesserung des Lebensstandards? Welche ›Natur‹ habe ich dabei im Auge gehabt?

DER WAHRHEIT RAUM GEBEN

1.

Wie ›natürlich‹ kann der Tod in dieser Welt noch sein?

Welche Bedeutung hat es, wenn wir von einem ›natürlichen Tod‹ sprechen? Welchen Raum imaginieren wir uns als jene ›Natur‹, in der er einen unverrückbaren, von allen menschlichen Verwerfungen unbehelligten Platz einnimmt? Wo verlaufen die Grenzen zwischen ›natürlich‹ und ›nichtnatürlich‹? Wen machen wir dafür verantwortlich, dass der Tod unter bestimmten Umständen vor der Zeit eintritt, entgegen unserer Vorstellungen von einem ›natürlichen‹ Ende?

Auf der Parte, die wir, meine Mutter, mein Bruder und ich, gemeinsam mit dem Bestatter gestaltet haben, steht, dass mein Vater am »6. April 2021, im Kreise seiner Lieben, im 70. Lebensjahr friedlich eingeschlafen« sei. Nur das vorangestellte Zitat, das wir aus einer Textsammlung des Bestattungsinstituts ausgewählt haben, lässt darauf schließen, dass seinem Tod eine längere Krankheitsgeschichte vorausgegangen ist: »Er hat uns vorgelebt, welche Kraft von der Hoffnung ausgeht und was Geduld vermag. Dankbar tragen wir all das Schöne in uns, das er uns durch seine Liebe und Fürsorge geschenkt hat.« Abgesehen von denjenigen, die an jenem Ostermontag im Krankenhaus von meinem Vater Abschied nehmen konnten, gingen viele, denen wir die Parte schickten, davon aus, dass er an den unmittelbaren Folgen der Lungentransplantation gestorben sei beziehungsweise davon, dass er die schwere Krankheit schließlich doch nicht ›besiegen‹ konnte.

Dass er »friedlich eingeschlafen« war, entspricht den Tatsachen, und dennoch ist diese Formulierung vor allem dazu da, den Hinterbliebenen das Gefühl zu vermitteln, dass der Tod in diesem Fall nicht auf gewaltvolle oder grausame Weise eingetreten ist, sondern gewissermaßen ›natürlich‹.

Von der schweren Erkrankung wussten nicht nur die engeren Freunde und Verwandten, sondern all diejenigen, die meinen Vater in den letzten Jahren zu Gesicht bekommen hatten: Das mobile Sauerstoffgerät, das er immer bei sich führen musste, war nicht zu übersehen. Wie ›natürlich‹ sich die Lungenfibrose über Jahrzehnte hinweg entwickelte, wie ›natürlich‹ es war, dass sie unmittelbar nach seinem Ruhestand eine aggressive Form annahm, steht ebenso auf einem anderen Blatt wie die Frage, wie ›natürlich‹ es ist, eine neue Lunge transplantiert zu bekommen und Medikamente einzunehmen, die das Immunsystem nicht nur davon abhalten, ein körperfremdes Organ abzustoßen, sondern auch davon, sich gegen wuchernde Tumorzellen zur Wehr zu setzen. Dass mein Vater tatsächlich »friedlich einschlafen« konnte, verdanken wir weniger dem ›natürlichen‹ Umstand, dass seine Zeit nun abgelaufen war, als den Opiaten und Antibiotika, die ihm intravenös verabreicht wurden und die seine Atemnot linderten.

Je nachdem, wie viel von dem Verlauf der Krankheitsgeschichte bekannt war und aus welchen Blickwinkeln sie betrachtet wurde, sind während des Trauerprozesses unterschiedliche Thesen darüber aufgetaucht, wie »das Ganze« möglicherweise zu verhindern gewesen wäre und wer dafür zur Verantwortung gezogen werden könnte. Die Thesen reichten von einer Lungenentzündung, die mein Vater als Säugling gehabt hatte und die unter den prekären Umständen, in denen er aufgewachsen war, nicht ganz auskuriert werden konnte, bis hin zu Vermutungen darüber, dass die mRNA-Impfung gegen Covid-19, die er in genauer Absprache mit der für die Transplantationsnachsorge verantwortlichen Ärztin bekommen hatte, daran schuld wäre, dass er so schnell gestorben war. Es waren vorwiegend punktuelle Ereignisse, die als mögliche Ursachen für einen ›nichtnatürlichen‹ Tod zur Sprache kamen. Strukturelle Hintergründe blieben von den Überlegungen weitgehend unberührt.

Als wir damals begannen, die Transplantation als ein ›gutes Ende‹ in Betracht zu ziehen, habe ich viel dazu recherchiert. Mir sind dabei auch etliche Statistiken untergekommen, die gezeigt haben, dass fünf Jahre nach einer erfolgreichen Lungentransplantation noch rund 60 Prozent der Patientinnen und Patienten am Leben waren. In fünf Jahren wäre mein Vater vom damaligen Zeitpunkt aus gerechnet 72 Jahre alt gewesen, immer noch sechs Jahre jünger als die durchschnittliche Lebenserwartung für Männer in Österreich.

In der Selbsthilfegruppe, die meine Eltern in Vorbereitung auf die Operation regelmäßig besuchten, zeigte sich ein ganz anderes Bild: Die Mitglieder hatten eine, teilweise sogar schon mehrere Lungentransplantationen hinter sich, sie standen alle mitten in ihren Leben, die sie mitunter deutlich länger als zehn Jahre mit einer neuen Lunge führten. Die Erfolgsquote lag in dieser Gruppe bei 100 Pro-

zent und spottete den trüberen repräsentativen Statistiken. All die rationalen Einwände, bei Selbsthilfegruppen könnten naturgemäß nur jene teilnehmen, die die Operation gut überstanden hätten, wiegen nichts im Vergleich dazu, was es bedeutet, sich vor einem derartig schweren Eingriff angesichts ganz konkreter Geschichten und Menschen rückversichern zu können, dass alles sehr gut ausgehen könnte.

Davon, dass Menschen mit transplantierten Organen den Daten der *International Society for Heart and Lung Transplantation* zufolge ein zwei- bis sechsfach höheres Risiko haben, an Krebs zu erkranken, habe ich in meinen Recherchen vor der Operation meines Vaters nichts gelesen. Es wurde auch in den Vor- oder Nachbesprechungen im Krankenhaus nicht erwähnt. Erst im Nachhinein, nachdem mein Vater an einer durch Metastasen verursachten Lungenentzündung gestorben war, habe ich nach einer gezielten Recherche seriöse Daten dazu gefunden. Im Grunde liegt die Krebserkrankung meines Vaters innerhalb der statistischen Schwankungsbreiten und ist insofern gewissermaßen ›natürlich‹.

Meine Mutter, mein Bruder und ich, wir haben immer wieder darüber gesprochen, inwieweit wir uns hintergangen fühlten von einer Hochleistungsmedizin, die uns zwar alle ihr zur Verfügung stehenden Techniken zukommen ließ, die uns auch über das Prozedere, vor allem über die Pflichten des Patienten aufklärte, die es aber verabsäumte, uns über das signifikant erhöhte Risiko, nach einer Transplantation an Krebs zu erkranken, zu informieren.

Wir schwanken bis heute, sind uns nicht sicher, ob es nicht ›gute‹ psychologische Gründe dafür gab, uns nichts von der größeren Wahrscheinlichkeit, dass sich ein Tumor bildet und ausbreitet, zu sagen. Neben der lebenslangen Gefahr einer Abstoßung des transplantierten Organs, die zwar mit der Zeit abnimmt, aber nicht gänzlich auszuschließen ist, wären wir zusätzlich noch mit dem Gedanken an eine mögliche Krebserkrankung konfrontiert gewesen. Die Frage, dieses erhöhte Risiko in Kauf zu nehmen oder nicht, hätte sich auch gar nicht gestellt: Allem medizinischen Anschein nach war die Lungentransplantation die letzte und einzige Möglichkeit für meinen Vater, eine Zeit lang noch ein halbwegs normales, ›natürliches‹ Leben zu führen.

Auf Leos Parte steht, dass er »am Donnerstag, dem 1. Juli 2021 von dieser Welt gegangen« sei. Die aktive Formulierung, die dennoch nicht zwangsläufig auf einen Freitod schließen lässt, hat mich berührt. Während mein Vater »friedlich eingeschlafen« ist, ist Leo »von dieser Welt gegangen«. Beide Ausdrücke entsprechen den Tatsachen, ohne dass den Hinterbliebenen die Vorstellung, der Tod sei vielleicht doch ›natürlich‹ gewesen, genommen werden würde.

Ich habe noch nie gelesen oder gehört, dass ein Freitod auf einer Parte als solcher bezeichnet wird: Im Gegensatz zu den Formulierungen wie etwa »nach langer schwerer Krankheit«, »nach einem erfüllten Leben«, die auf einen mehr oder weniger ›natürlichen‹ Tod hinweisen, deuten Ausdrücke wie »plötzlich« oder »unerwartet« darauf hin, dass mit dem Tod in diesen Fällen nicht zu rechnen gewesen ist. Sie stehen für Unfälle, für »plötzliche« Kinds- oder Herztode, mitunter sogar für Ermordungen und eben auch für Suizide. »Hat sich am Soundsovielten das Leben genommen« zählt vermutlich nicht zu den Standardvorlagen in Bestattungsinstituten. Dabei trifft »von dieser Welt gegangen« Leos Entscheidung besser als »sich das Leben zu nehmen«. Tatsächlich war es ein Schritt hinaus, hinaus aus dem Fenster, hinaus aus dieser Welt.

Die wesentliche ›Unnatürlichkeit‹ eines Freitodes spiegelt sich in den zahlreichen Tabuisierungen wider, mit denen er bis heute belegt ist: Dazu zählen die religiösen Verbote ebenso wie die zaghaften Formulierungen in den Parten und Nachrufen, das raschelnde Schweigen, mit dem dieses Ende eines Lebens bedacht wird, oder die Befürchtungen der Kritikerinnen und Pädagogen, das Ende von Astrid Lindgrens *Die Brüder Löwenherz* könne die jungen Leserinnen und Leser auf den Gedanken bringen, Selbstmord als plausiblen Ausweg zu betrachten.

Die Schriftstellerin Maren Wurster erinnert sich in ihrem Buch *Papa stirbt, Mama auch* daran, wie sie ihre Eltern über deren letzte Lebensmonate hinweg begleitet. Der Abschied von ihrer Mutter ist ein sehr langer, er zieht sich über den Beginn ihrer Demenzerkrankung bis hin zu einer der letzten Begegnungen im Pflegeheim während der Corona-Pandemie. Ihr Vater wurde mit metastasiertem Krebs im Endstadium wegen akuter Atemnot ins Krankenhaus gebracht. Die Tochter pendelt eine Zeit lang zwischen Pflegeheim und Spital. Ihren Vater adressiert sie in ihrem Buch direkt, sie spricht ihn an: »Und dann reißt du mit diesen seltsam trüben Augen, die mir so Angst machen, und einer narkotisierten Motorik, bei der du nur mit Mühe die Schnabeltasse an deinen trockenen Mund führen kannst, manchmal auch an die Nase, manchmal ans Kinn, die Kanüle, die das Adrenalin in deinen Körper führt, aus deiner Vene. [...] Ich bin stolz auf dich, Papa, aufgewühlt und zugleich auch erleichtert. ›Das wird nicht wieder angelegt‹, sage ich in das Schreien des Monitors und die Bewegung des Arztes hinein. Ich bin auch stolz auf mich.«

Der Vater stirbt nicht, nachdem er sich selbst von der Adrenalin-Infusion befreit hat. In Form einer detaillierten Patientenverfügung legen er und seine Tochter fest, dass er, sobald die Antibiotikakur abgeschlossen ist, aus dem Krankenhaus entlassen und nie wieder dorthin gebracht wird.

Und dennoch: »Du wärst gestorben, wenn du nicht ins Krankenhaus gebracht, wenn du nicht penetriert worden wärst von den Maschinen, von der zugrundeliegenden Idee, das Leben zu erhalten. Dann wärst du schon tot. Dann hätten wir diese Zeit, diese doch noch lange und schöne Zeit nicht gehabt.«

In dem Palliativzimmer, in das er gebracht wird, nachdem ihm das Adrenalin auf seinen ausdrücklichen Wunsch nicht mehr verabreicht wird, artikuliert er seiner Tochter gegenüber den Wunsch: »Ich will sterben.« Er fragt sie, was er tun solle: »Du drückst dabei meine Hand. Ob ich dir helfen kann. ›Kannst du mir helfen?‹«

Die Tochter holt Erkundigungen ein, liest nach: mit viel Aspirin die Pulsadern aufschneiden – »wer denn? Du mit deinen zittrigen Händen bestimmt nicht, und ich kann ja nicht einmal das Adrenalin auf null stellen.« In einem Text von Wolfgang Herrndorf erfährt sie, dass es aus seiner Sicht das Vernünftigste sei, »dass in einem zivilisierten Staat wie Deutschland einem sterbewilligen Volljährigen in jeder Apotheke ein Medikamentenpäckchen aus 2 Gramm Thiopental und 20 mg Pancuronium ohne ärztliche Untersuchung, ohne bürokratische Hürden und vor allem ohne Psychologengespräch [...] jederzeit zur Verfügung stehen muss.«[4] Ihre Frage, ob es nicht möglich sei, einen Zugang mit genug Morphium zu legen, den ihr Vater so regeln könne, dass er sein Leben selbst beende, beantwortet ein Palliativmediziner abschlägig: Das sei nicht erlaubt. Schließlich wird die gesamte Therapie eingestellt. »Den Körper seinen Weg gehen, den Krebs seine Arbeit machen lassen«, das hingegen sei erlaubt, »sagt der Arzt« und der Vater wird »vorzeitig gegen ärztlichen Rat« entlassen.

Maren Wurster beschäftigt sich immer wieder mit Fällen, in denen der Sterbewunsch von Patienten aus rechtlichen Gründen nicht erfüllt werden kann: Vincent Lambert etwa, der nach einem Motorradunfall im Wachkoma liegt. Er hat keine Patientenverfügung ausgestellt, seine Lebensgefährtin, ausgebildete Pflegefachkraft wie er, beruft sich auf seinen »ausdrücklichen Wunsch«, in so einem Fall die lebenserhaltenden Maßnahmen einzustellen. Seine Eltern

4 Maren Wurster zitiert hier aus: Wolfgang Herrndorf: Arbeit und Struktur. Berlin: Rowohlt 2013, S. 369

klagen auf den Erhalt der Maßnahmen, die künstliche Ernährung wird nicht abgesetzt. Ein befreundeter Mediziner erzählt ihr von Beatmungszentren, in denen Menschen mit irreversiblen Hirnschäden nur durch künstliche Beatmung am Leben gehalten werden. Sie sieht sich eine Dokumentation über eine Frau an, die sich nach einer »verwirrenden und entkräftenden Krankheitsgeschichte« entschließt, nichts mehr zu essen und zu trinken. Dabei wird sie von ihrer Tochter und einem Filmteam begleitet: »Das Gesicht der Tochter im Interview ist ruhig, fast schon glücklich sieht sie aus, als sie von dieser letzten Zeit mit der Mutter berichtet.«

In all diesen Fällen, mit denen sich Maren Wurster angesichts der bedrückend ausweglosen Lage ihrer Eltern beschäftigt, wirkt der Suizid, ob assistiert oder nicht, wie eine Erlösung, die aus sperrigen rechtlichen Gründen sowohl den Patienten selbst als auch deren Zugehörigen vorenthalten wird. Das Spektrum akzeptabler, da als nachvollziehbar geltender Gründe für einen Freitod ist demnach durchaus breiter gefächert. Es lässt sich schließlich doch zwischen den Polen ›natürlich‹ und ›nichtnatürlich‹ verankern.

In einem schon etwas fortgeschrittenen Alter wird eine schwere, potenziell tödliche Erkrankung als plausibler, ›natürlicher‹ Grund für einen Suizid eher hingenommen als bei einem Kind, das sich in einer ausweglosen Lage befindet und daher seinem Leben ein Ende setzt. Das habe ich bei mir selbst beobachten können: Wenige Monate, nachdem mein Vater gestorben war, war ich bereit, eine schwere Erkrankung als ›guten‹, ja als bestmöglichen Grund für Leos Freitod zu betrachten. Das Unbehagen darüber hat später eingesetzt. Erst als ich mir vor Augen geführt habe, welch unterschiedliche Maßstäbe ich bei meinem Vater und seiner Krankheitsgeschichte im Vergleich zu einer möglichen furchterregenden Diagnose, die Leo ereilt haben könnte, gelten ließ, ist mir klar geworden, wie schwer das Argument von »Freiwilligkeit« wiegt und wie kompliziert es in jedem einzelnen Fall ist.

Das allgemeine Entsetzen über die gehäuften Suizidversuche, die in den Erstaufnahmelagern auf europäischem Grund und Boden von Kindern unternommen wurden, hat nicht dazu geführt, dass Schutzsuchende besser aufgenommen worden wären. Die öffentlichen Anklagen haben sich darauf beschränkt, bestimmte Einzelheiten wie mangelnde Ernährung oder fehlende Sanitäranlagen anzuprangern. Das System der Erstaufnahmelager, in dem alle Aussichten auf ein besseres, würdigeres Leben genommen werden, wurde nicht verändert. Es dient weniger der Versorgung von Menschen als einer nachhaltigen Abschreckung. Wie »natürlich« ist es, dass Kinder, die frierend und hungernd, teilweise von ihren Eltern getrennt, im Dreck vegetieren, sterben wollen? Und ist es als »natürlich« zu betrachten, wenn ein Mensch, der nicht über die Mittel verfügt, sich die Vorsorge für seinen Lebensabend zu leisten, sich das Leben nimmt – oder es sich nehmen lässt?

2.

Ich habe den Eindruck, dass wir in vielen Fällen dazu neigen, unserer Trauer und unserem unmittelbaren Entsetzen mit dem Blick auf punktuelle Ereignisse zu begegnen: Der Ohnmacht, diesem mächtigen Gefühl, lässt sich so ein scheinbares Handlungsvermögen entgegensetzen, das sich zeitlich und räumlich in engen Grenzen hält und sich auf eine individuelle Lebenszeit sowie auf ein bestimmtes Lebensumfeld beschränkt. Das ist angesichts der Überforderung verständlich und wohl auch im Sinne psychischer Gesundheit. Bemerkenswert ist allerdings, dass dabei oft fundamentale Gesetze der Physik, auf denen unser Grundverständnis von Leben basiert, ausgeblendet werden:

Es kommt vor, dass wir uns in Gedanken daran üben, was wir hätten verändern, wie wir die Raumzeit hätten krümmen müssen, um frühere Ereignisse, Entscheidungen und Handlungsfolgen zu revidieren und in andere Bahnen zu lenken. Was wäre gewesen, wenn ... Oft erscheint es naheliegender, die unmögliche individuelle Verantwortung für Ereignisse zu übernehmen, die außerhalb unserer raumzeitlichen Reichweite liegen, als jene Lebensräume zu inspizieren und einer genaueren Betrachtung zu unterziehen, in denen unsere Trauer und unser Entsetzen stattfindet. Dabei ginge es darum, wie Anne Boyers Tochter ihre Mutter erinnert, nicht »den Fluch zu vergessen«, dass wir »immer noch in der Welt leben«, die jene Menschen »krank gemacht« hat, die wir vermissen, um die wir trauern und über deren Sterben wir uns entsetzen.

Für Joan Didion waren diese Versuche, »die Zeit umzukehren, den Film rückwärts laufen zu lassen« Teil des *magischen Denkens,* dem sie, ohne es zu bemerken oder zu wollen, im Jahr nach dem Tod ihres Lebensgefährten anheimgefallen war. Ein Raum für Trauer eröffnet sich für sie erst, als ihre Tochter Quintana nicht mehr in Lebensgefahr schwebt:

»Dass ich erst jetzt überhaupt anfangen konnte zu trauern, kam mir nicht in den Sinn. Bisher war ich nur in der Lage gewesen, zu leiden, aber nicht zu trauern. Leid war passiv. Leid geschah. Trauern, die Auseinandersetzung mit Leid, verlangte Aufmerksamkeit.«

Ihre ganze Aufmerksamkeit galt zuvor ihrer Tochter, die auf Intensivstationen in New York und Los Angeles um ihr Leben kämpfte. Erst als Quintana wieder Schritt für Schritt in ihr eigenes, selbstständiges Leben zurückkehrt, bemerkt sie, was seit dem Tod von John auf der Strecke geblieben ist: ihre Trauer um ihn. Das »Leid«, von dem sie schreibt und dem sie sich rückblickend ausgeliefert sah, steht in Zusammenhang mit dem Gefühl, das sie »Selbstmitleid« nennt und das sich eben darin erschöpft, die unmögliche Verantwortung für Johns plötzlichen Tod zu übernehmen.

Im Raum der Trauer gelten die physikalischen Gesetze, auch wenn er oft über mehr als drei Dimensionen verfügt. Im 24. Kapitel ihres Buchs *Etikette,* das 1922 in den USA zum ersten Mal erschienen ist, widmet sich Emily Post den Trauernden. Vom Zeitpunkt des Todes von Zugehörigen an bis zur Beerdigung werden Anleitungen gegeben, die erstaunlich pragmatisch sind:

Die Trauernden sollten »in einem sonnigen Zimmer sitzen«; Essen und Trinken, »aber sehr wenig«, sollte in Form von Tee, Suppe, Toastscheiben, pochiertem Ei und warmer Milch bereitgehalten beziehungsweise auch »gereicht werden, ohne danach zu fragen, ob sie ihrer bedürfen«, denn: »Jene, die großen Kummer haben, verlangt es nicht nach Essen, aber wenn es ihnen vorgesetzt wird, werden sie es mechanisch zu sich nehmen, und etwas Warmes, das ihre Verdauung in Gang setzt und den geschwächten Kreislauf stimuliert, brauchen sie jetzt am nötigsten.« Ähnlich unprätentiös verhält es sich mit der Kleidung. Es wird empfohlen, bereits vorhandene Kleidungsstücke, auch Schuhe und Strohhüte, einzufärben, um Geld zu sparen. Bei den Vorbereitungen und der Durchführung des Begräbnisses sollten »Freunde« unterstützen, sie sollten sich unter anderem auch darum kümmern, dass nach der Bestattung das Haus der Trauernden gut geheizt ist.

Vor hundert Jahren wurde auch in unseren Breiten Trauer als Bestandteil des sozialen Lebens betrachtet, ebenso wie Tischmanieren oder die Art und Weise, sich für bestimmte Anlässe zu kleiden. Auf physische Bedürfnisse von Trauernden sollte ebenso Rücksicht genommen werden, wie auf psychische (das »sonnige Zimmer«).

Heutzutage werden die Trauerprozesse ins Individuum hineinverlagert. Die unzähligen Ratgeber, die uns helfen sollen, Trauer zu verstehen und mit ihr zurechtzukommen, legen das Augenmerk vor allem auf inwendige, auf psychologische Mechanismen. Wenn wir diese verstehen, so der Grundtenor, würden wir früher oder später wieder zurück ins Leben finden.

»Zurück ins Leben zu finden« bedeutet dabei, dass wir keine traurigen Ausnahmeerscheinungen mehr darstellen, die nicht nur nicht in der Lage sind, in ihrem Alltag zu »funktionieren«, sondern außerdem noch andere behelligen – und sei es nur dadurch, dass wir sie in und mit unserer Trauer an die eigene Sterblichkeit erinnern. Das stört die Vorstellung von einem optimalen, reibungslosen Ablauf, den wir kraft all unserer ökonomischen und sozialen Ressourcen zu gewährleisten haben.

Wie wir angehalten werden, in unsere Gesundheit zu investieren, sollen wir uns auch darum kümmern, mit unserer Trauer so rasch wie möglich fertig zu werden. »Das Leben gehe weiter«, ist dabei eine beliebte Wendung, die, so können wir seit Jahrtausenden nachlesen, die tatsächliche Erfahrung von Trauer über den Verlust eines geliebten Menschen Lügen straft. Dennoch schämen sich viele Menschen für ihre Trauer, von »guten« Ratschlägen werden sie in Schranken gewiesen, die ihnen die Zeit und den Raum nehmen, ihrem eigenen Rhythmus entsprechend zu trauern.

Der je eigene Rhythmus der Trauernden spielt für das Berliner Bestattungskollektiv *Memento* eine zentrale Rolle. Eine Bestattung wird zur umfassenden Trauerbegleitung, vom Sterbebett an bis zum Gespräch nach der Beerdigung. Ein wichtiger Punkt ist dabei die Totenfürsorge, bei der es darum geht, dass den Zugehörigen die Möglichkeit gegeben wird, anwesend zu sein, wenn der oder die Verstorbene gewaschen und angekleidet wird. Bei dieser »sorgsamen Zuwendung an den toten Körper« kann dieser als Körper mit Würde buchstäblich begriffen werden.

Die Reaktionen auf den Vorschlag, bei der Totenfürsorge mitzuwirken, seien zunächst sehr durchwachsen, erzählt mir Ulli, eine angehende Bestatterin, die bei *Memento* ein Praktikum absolviert hat. Viele meinten, sie würden

den verstorbenen Menschen lieber lebendig in Erinnerung behalten als ihn noch einmal als Toten zu berühren. Tatsächlich würden sich aber die meisten schließlich anders entscheiden: Die Praxis von *Memento* ist es, den Zugehörigen freizustellen, ob sie beim Waschen und Ankleiden mit dabei sein wollen. Zeit und Ort werden ihnen bekanntgegeben und so können sie sich auch noch im letzten Moment entschließen, es doch mit der Totenfürsorge zu versuchen. Es sei sehr schön zu sehen, wie die Menschen mit ihren Toten umgehen, meint Ulli. Besonders Kinder fänden ihren ganz eigenen Rhythmus, sich ihrer verstorbenen Oma oder ihrem verstorbenen Bruder anzunähern. Den toten Körper zu berühren, ihn zu waschen, einzucremen, vielleicht auch zu schmücken, stelle für die Zugehörigen eine liebevolle Annäherung an die Veränderungen dar, die der Körper nach dem Sterben durchlaufen habe. Dabei gehe es keineswegs um jene Art der Thanatopraxie, bei der die Toten mit allen möglichen Mitteln präpariert werden, sondern um einen Abschied, der in Ruhe genommen werden kann. Auch von versehrten, von durch Krankheit gezeichneten Körpern. Um begreifen zu können, dass die körperliche Gegenwart eines geliebten Menschen mit all ihren Eigenheiten, ihrer Wärme, ihrem Gewicht, ein für alle Mal abhandengekommen ist, braucht es Zeit und Raum.

Weder der Körper der Toten noch die Umstände, die zu ihrem Tod geführt haben, werden in der Bestattungspraxis von *Memento* ausgeblendet. In den Trauerreden, die nach einem langen Vorgespräch mit den Zugehörigen entwickelt werden, kommen immer die Umstände, unter denen ein Mensch gestorben ist, zur Sprache, auch im Fall eines gewaltsamen Todes oder eines Suizids. Die Bilder, die in den Köpfen der Anwesenden herumgeisterten, seien oftmals viel schlimmer, bedrückender und furchteinflößender als die tatsächliche Schilderung. Die Realität eines Todes zu benennen sei wichtig, und ebenso wichtig sei es, einen guten Rahmen dafür zu bauen, der die Schilderung, die damit verbundenen Ängste und Sorgen hält. Als Trauerrednerin sei sie eine Art Zeremonienmeisterin, die den Raum für die Trauerfeier gestaltet.

Ulli erzählt, wie offen und bewegend das Vorgespräch für ihre erste Trauerrede gewesen war. Die Familie sei zufällig zu dem Bestattungskollektiv gekommen. Ein anderes Bestattungsunternehmen, das sein Büro in der Nähe hat, habe, da es selbst zu dieser Zeit keine Kapazitäten mehr hatte, den Zugehörigen empfohlen, zu *Memento* zu gehen. So unerwartet und ungewöhnlich die Praxis des Bestattungskollektivs für die Hinterbliebenen war, so sehr habe sich auch die Bedeutung sowohl der Totenfürsorge als auch des Vorgesprächs für die Trauerrede gezeigt. Einer der Zugehörigen habe immer wieder von den letzten Augenblicken im Leben seiner Verwandten berichtet. Es sei schwierig für ihn gewesen, zu sehen, wie sie stirbt. Davon erzählen zu können, habe ihm gutgetan. Am Ende des Vorgespräches habe er festgestellt, wie wichtig es für ihn gewesen sei, seinen Eindrücken vom Ende des Lebens seiner Verwandten Raum geben, sie in die Ohren nicht nur der Bestatterin, sondern auch in die der anderen Zugehörigen legen zu können. Ein Faden, der aufgenommen wurde, um einen neuen Platz für die Verstorbene in seinem Leben auszuloten.

In Anlehnung an die Trauerbegleiterin und Fachbuchautorin Chris Paul spricht Ulli davon, dass Trauer nicht das Problem, sondern die Lösung dafür sei, mit unserer Sterblichkeit umzugehen. Das »Kaleidoskop der Trauer« habe viele Facetten, die sich immer wieder verändern und überlagern.

3.

Als sie zu trauern beginnt, bemerkt Joan Didion, dass sie sich »anfällig« und »wackelig« fühlt: »Eine Sandale verfing sich im Gehsteig und ich musste ein paar Schritte laufen, um nicht hinzufallen. Und was, wenn doch? Was, wenn ich gefallen wäre? Was hätte ich mir gebrochen, wer würde das Blut an meinem Bein sehen, wer würde mir das Taxi rufen, wer wäre in der Notaufnahme bei mir? Wer wäre bei mir, wenn ich zurück nach Hause käme?« Eine Interviewanfrage lehnt sie aus dem Gefühl heraus ab, sich »vorläufig nicht zuzutrauen, vor der Welt einen vernünftigen Eindruck zu machen«.

Was wäre dieser »vernünftige Eindruck«, den sie von sich selbst erwartet beziehungsweise von dem sie annimmt, »die Welt« würde ihn von ihr erwarten? In einer Studie der University of Illinois at Urbana-Champaign liest sie, dass die »durchschnittliche Witwe viele Jahre braucht, um nach dem Tod ihres Angehörigen auf den Stand ihrer früheren Lebensfreude zurückzukehren«. Sie fragt sich, ob sie denn eine »durchschnittliche Witwe« sei und »was genau ›der Stand meiner früheren Lebensfreude‹« gewesen sein sollte.

»Das Leben geht weiter«, das stellt auch Julian Barnes in seinem Essay *Lebensstufen* fest, allerdings nicht so, wie es die meisten jener Menschen meinen, die diesen Ratschlag erteilen.

Nachdem seine Frau Pat Kavanagh plötzlich erkrankt und nach 37 Tagen bangen Wartens und Zitterns gestorben ist, trägt er sich einige Zeit lang mit dem Gedanken, sich selbst das Leben zu nehmen. Immer wieder malt er sich aus, wie er in der Badewanne mit einem besonders scharfen japanischen Tranchiermesser seine Pulsadern öffnet. Erst mit dem »plötzlich auftauchenden Argument«, »dass ich mich nicht umbringen konnte, denn dann würde ich auch sie umbringen«, wurde ein Suizid für ihn »weniger wahrscheinlich«:

»Sie würde ein zweites Mal sterben, meine leuchtenden Erinnerungen an sie würden verblassen, während das Badewasser sich rötete. Und so war es schließlich (oder zumindest vorerst) einfach entschieden. Und auch die darüber hinausgehende, aber damit verbundene Frage: Wie soll ich jetzt leben? Ich muss so leben, wie sie es gewollt hätte.«

Nach einigen Monaten »wagt« er sich wieder »in die Öffentlichkeit«, allerdings hat sich vieles für ihn verändert: Zunächst verursachen Theater- und Opernfoyers bei ihm »eine panische Angst«. Dabei geht es nicht um die Räume selbst, sondern um »den Anblick friedlicher Normalität«, verkörpert durch die »fröhlichen, erwartungsvollen, normalen Menschen, die sich auf einen schönen Abend freuten«, den er nicht erträgt.

Einige Zeit später entdeckt er eine überraschende Neigung zur Oper, zu den äußerst dramatischen Stoffen, die darin verarbeitet werden. Plötzlich kann er Orpheus, der sich auf dem Weg aus der Unterwelt verbotenerweise zu Eurydike umdreht und sie dadurch endgültig verliert, verstehen:

»Mein Problem war die Gewissheit, dass sich niemand, der einigermaßen bei Sinnen ist, umdrehen und Eurydike ansehen würde, weil er sich über die Folgen im Klaren ist. [...] Aber ich hatte *Orpheus*, diese Oper, die geradezu perfekt auf die Leidtragenden zugeschnitten ist, ziemlich unterschätzt [...]. *Natürlich* musste Orpheus sich nach der flehenden Eurydike umdrehen, wie konnte es anders sein? Denn obwohl ›niemand, der noch bei Sinnen ist‹, das tun würde, ist er vor Liebe und Leid und Hoffnung völlig von Sinnen. Man verliert die ganze Welt um eines Blickes willen? Aber klar doch.«

Wie Joan Didion unterscheidet Julian Barnes zwischen Trauer und Leid: »Man kann versuchsweise sagen, Leid ist ein Zustand und Trauer ein Prozess, aber beides muss sich zwangsläufig überschneiden. Nimmt der Zustand ab? Schreitet der Prozess voran? Woran erkennt man das?« Er schlägt vor, es mit Metaphern zu versuchen: »Leid ist vertikal – und schwindelerregend –, Trauer hingegen horizontal. Leid dreht einem den Magen um, raubt einem den Atem, schneidet die Blutzufuhr zum Gehirn ab; Trauer bläst einen in eine neue Richtung. Doch da man in einer Wolkendecke steckt, kann man überhaupt nicht erkennen, ob man in einer Flaute festsitzt oder sich in trügerischer Bewegung befindet.«

Wie bei den ersten Ballonfahrten, mit denen sich Julian Barnes im ersten Abschnitt seines Essays beschäftigt, ist es bei oder in der Trauer nicht möglich, die Fahrt zu lenken oder auch nur die Geschwindigkeit zu bestimmen, mit der man sich »in einer Wolkendecke« bewegt. »Man weiß nur, dass man kaum etwas bewirken kann.«

Julian Barnes spricht »ständig« mit seiner verstorbenen Frau, er fragt sie um Rat, erzählt ihr von besonderen ebenso wie von ganz alltäglichen Ereignissen:

»Obwohl sie immer antwortet, wenn ich mit ihr spreche, hat mein Ventriloquismus« – seine Art, »Bauchzureden« – doch seine Grenzen. »Ich kann mich erinnern – oder mir vorstellen –, was sie zu etwas sagen wird, was bereits geschehen ist oder sich ganz ähnlich wiederholt. Aber ich kann nicht in Worte fassen, wie sie auf neue Ereignisse reagiert.«

Als sich der Sohn eines befreundeten Ehepaares das Leben nimmt, war er »ratlos und konnte tagelang nicht richtig auf diesen entsetzlichen Tod eingehen«. »Dann wusste ich, warum: weil ich nicht mit ihr reden, nicht ihre Antworten hören, nicht unsere gemeinsame Erinnerung aufleben lassen und vergleichen konnte. Zu allen anderen Kategorien einer Gefährtin, die ich mit ihr verloren hatte, kam eine weitere hinzu: die meiner Trauerpartnerin.«

In einem Roman, den er von einem Freund geschenkt bekommen hat, spricht ein Journalist nach dem Tod seiner Frau mit einem Arzt, der ihm dringend davon abrät, weiterhin mit dem Bild seiner verstorbenen Lebensgefährtin zu sprechen: »Das sind Fantasien, die Ihnen Ihr Über-Ich diktiert«, das Problem des Journalisten bestehe darin, dass er »noch keine Trauerarbeit geleistet« habe.

Der Ausdruck »Trauerarbeit« löst in Julian Barnes gemischte Gefühle aus, ihr Fortschritt lässt sich ebenfalls nicht so einfach bemessen. Die »Erkennungsmelodie der Jugend« *You Can't Hurry Love* sei von der »Erkennungsmelodie des Alters« *You Can't Hurry Grief* abgelöst worden: Trauer und Leid ergehen sich in »ständigen Wiederholungen«, sie schlagen »auf immer neue Art« zu.

Wann eine oder einer »darüber hinweg« sei, können die Trauernden selbst »kaum beantworten, da die Zeit jetzt viel weniger messbar ist als früher«. Der Fortschritt der Trauerarbeit wird meistens von außen bemessen: Bekannte bescheinigen Trauernden, dass sie »schon viel besser aussehen« würden, sie bestärken sie darin, sich von den Verstorbenen »zu lösen« und neue Partnerschaften einzugehen.

»Das Leben geht weiter«, aber eben nicht in der Weise, wie es Wohlmeinende trauernden Menschen oft nahelegen wollen: Das im Grunde irrwitzige Versprechen, durch ein entsprechendes Pensum an Trauerarbeit, das abgeleistet wurde, könne man zurück in ein vergangenes Leben »finden«, verstellt den Blick auf die Tatsache, dass es dieses Leben nicht mehr gibt. Menschen, die einen festen Platz in diesem Leben hatten, fehlen, ihre körperliche Gegenwart mit all ihren Eigenheiten, ihrer Wärme, ihrem Gewicht, ist ein für alle Mal abhandengekommen.

In diesen Leerstellen sammeln sich alte »Muster«, wie Julian Barnes es nennt: »Anfangs macht man weiter das, was man immer mit ihr zusammen gemacht hat, aus alter Gewohnheit, Liebe, dem Bedürfnis nach einem Muster. Bald erkennt man, in welcher Falle man sitzt [...]. Man empfindet den schmerzlichen Verlust des gemeinsamen Vokabulars, der Metaphern, Neckereien, Abkürzungen, Insiderwitze, Albernheiten, vorgeblichen Rügen, amouröser Fußnoten – all der versteckten Anspielungen, die voller Erinnerungen sind, aber wertlos, wenn man sie Außenstehenden erklärt.«

Diese »Muster« verschwinden nicht einfach und sind auch nicht im Handumdrehen zu ersetzen. Sie verändern sich über einen langen Zeitraum hinweg, so wie die Beziehungen, in denen sie gewoben werden. Mit seinem Tod reißt eine mitunter jahrzehntelange Beziehung zu einem Menschen nicht ab, sie wird angesichts der unwiderruflichen körperlichen Abwesenheit neu geknüpft, schrittweise und mit zahlreichen Rückschlägen. Der Tod tilgt die Verstorbenen nicht aus unseren Leben, die an vielen Stellen brüchig geworden sind, deren »Muster« und Anknüpfungspunkte ins Leere laufen.

Vielleicht ist Trauer auch der Name für jenen Weg, den wir auf der Suche nach neuen Beziehungsweisen zu den Verstorbenen zurücklegen. Ob wir nun in einem kaum steuerbaren aeronautischen Gefährt wie einem Heißluftballon, zu Fuß oder auf dem Rücken eines Pferdes unterwegs sind, es steht uns trotz aller Ratgeber und Ratschläge kein unfehlbares GPS, kein probates Mittel zur exakten Landvermessung zur Verfügung. Mit dem Kopf, dem Herzen, den Füßen, Augen und Händen tasten wir uns vorwärts:

»Man weiß nur, dass man kaum etwas bewirken kann.«

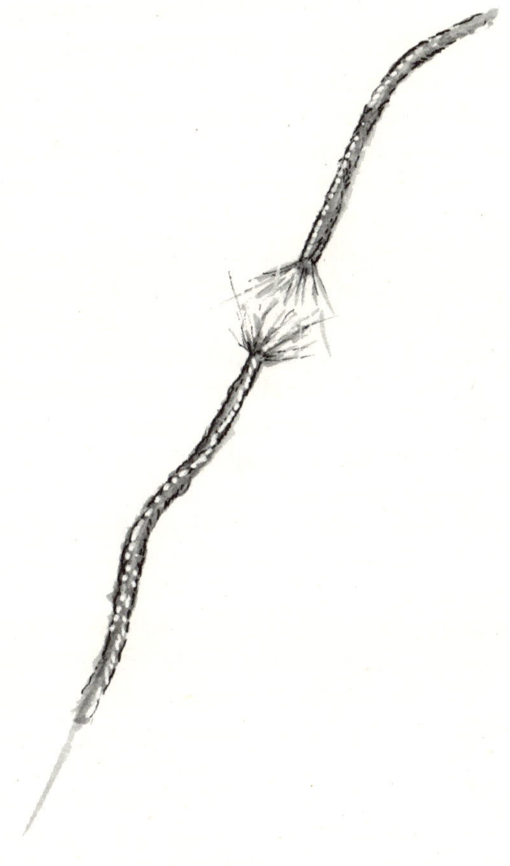

4.

Über alle Zeiten und Kontinente hinweg gab und gibt es unterschiedliche Zugänge, um in Verbindung mit den Toten zu treten. Allen gemeinsam ist, dass sie bestimmten »Mustern«, rituellen oder persönlichen, folgen. Das gilt für schamanische Rituale, spirituelle Séancen und Totengebete ebenso wie für das Foto, das am Schreib- oder am Esstisch steht und an das man sich wendet, wenn zum Beispiel der beste Zeitpunkt für das Umtopfen einer empfindlichen Pflanze eruiert werden soll.

Die Ungeduld, mit der Trauernde oft bedacht werden, hat unter anderem dazu geführt, dass die Beziehungen zu den Toten weitgehend einem rationalisierten Schema folgen. Es gibt bestimmte Tage im Jahr, an denen ihrer gedacht wird, an denen die Friedhöfe überquellen vor Blumenschmuck und Grablichtern. An allen anderen Tagen bleiben das Trauern und Gedenken Privatsache, die, wenn irgendwie möglich, die alltägliche Betriebsamkeit nicht stören und andere nicht behelligen soll. Ein schneller Besuch am Grab nach Feierabend, eine kleine Träne, die über einer aufflackernden Erinnerung verdrückt wird, das sind akzeptable Ausdrucksweisen, über die höflich hinweggesehen wird. Schwieriger wird es schon, wenn Menschen darüber berichten, dass sie, wie Julian Barnes, mit ihren Toten sprechen.

Ein Psychiater in einer Kuranstalt hat meiner Mutter in etwa denselben Rat gegeben wie der Arzt in dem Buch, das Julian Barnes geschenkt bekommen hat: Sie solle sich abgewöhnen, das Bild meines Vaters ständig in Sichtweite zu haben. Ein erster Schritt sei, es für die Dauer des Kuraufenthaltes in einer Schublade zu verstauen. Ob dieser Psychiater ebenfalls den »ersten Schritt« hin zu einer erfolgsversprechenden Trauerarbeit im Auge hatte, weiß ich nicht. Wichtig schien ihm jedenfalls zu sein, den Raum, den meine Mutter ihrem verstorbenen Mann in ihrem Leben gab, zu begrenzen.

Die Asche meines Vaters liegt im Wald begraben, unter einer jungen Linde, die auf einer niedrigen Böschung steht. Hinter dem Baum ragt eine Felswand aus Granitstein in die Höhe. Wie der Bug eines Schiffes schiebt sie sich über

den Rand der Lichtung. Ein schmuckloses Schild ist an ihr befestigt, auf dem sein Name, das Geburts- und das Sterbedatum stehen. Im Winter, wenn die Bäume kein Laub tragen, sieht man, wenn man neben der Linde steht, weit über die Donau auf die schneebedeckten Gipfel des Alpenhauptkamms. Im Frühjahr und im Sommer rascheln Vögel in den Baumwipfeln, huschen Salamander über den Fels, summen Bienen in den Blütenkelchen auf der Wiese.

Es ist leicht, sich an diesem Ort vorzustellen, dass die Toten Grüße schicken: Ein besonders prächtiger Feuersalamander, der genau ein Jahr, nachdem mein Vater gestorben war, noch wintermüde über die Böschung kriecht; ein Kuckuck, der nicht müde wird, zu rufen; ein riesiger, glänzender Hirschkäfer, der unseren Weg hinauf zum jungen Baum kreuzt.

»Die Toten schützen den Wald und seine Tiere«, sagt ein Förster nach der Beisetzung und erzählt, wie nahe ihm die Füchse kommen, wenn er abends seine Runden dreht. »Es darf hier nicht gejagt werden, deshalb sind sie so zutraulich.« Zwischen den Nadelbäumen, aus denen dieser Wald zuvor ausschließlich bestanden hat, wachsen mittlerweile zahlreiche Laubbäume, viele Buchen, aber auch Kastanien, an den sonnigeren Stellen Kirschbäume und Linden. Dadurch, dass dieses Gebiet vor Jahren zu einem Friedwald umgewidmet wurde, wird der Wald lebendiger. Niemand möchte sich in einer Fichtenmonokultur begraben lassen, das haben offenbar auch die Eigentümer, eine alte Adelsfamilie, eingesehen und entsprechende Maßnahmen zur Aufforstung setzen lassen.

So, wie die Toten den Wald schützen, schützt er sie und ihre Zugehörigen. Leben und Tod sind hier nicht in Stein gemeißelt, sie verändern sich ständig. Es erscheint weniger seltsam, mit den Verstorbenen zu sprechen, das Gefühl zu haben, mit ihnen in Verbindung zu treten. Auch jegliche soziale Kontrolle, die vor allem auf den Friedhöfen in kleineren Gemeinden eine Rolle spielt, fällt weg. Grabpflege im herkömmlichen Sinn gibt es nicht: Kerzen sind ebenso wie aufwendige Blumenkränze aus guten Gründen verboten. Saisonale Schnittblumen dürfen zu den Bäumen gelegt werden, mit der Zeit verwelken sie und verwandeln sich in die Erde, in der der Wald wächst. »Gepflegt« werden nicht die einzelnen Gräber, sondern der gesamte Wald. Dabei geht es nicht um individuelle, an sozialen Gepflogenheiten geschulte Vorstellungen davon, wie ein »ordentliches« Grab auszusehen habe. »Gepflegt« wird eine Lebens- und Totengemeinschaft, ein komplexes, fein austariertes Ökosystem, in dem es kein sublimes Triumphgefühl der Lebenden gegenüber den Toten gibt. Der Tod geht in das Leben über und umgekehrt.

Das *Recompose*-Projekt der Designerin Katrina Spade geht dabei noch einen Schritt weiter: Das von ihr in den USA gegründete gemeinnützige Unternehmen bietet an, die Körper der Verstorbenen in einem speziellen Verfahren zu kompostieren. Mit der nährstoffreichen Erde können die Zugehörigen den Boden einer besonderen Pflanze, eines Baums im Wald, eines Blumen- oder Gemüsebeets im Garten anreichern. Bei diesem *Recompose*-Verfahren wird ausschließlich auf den biologischen Verwesungsprozess zurückgegriffen, der durch gezielte Sauerstoffzufuhr beschleunigt wird.

Weder in Österreich noch in Deutschland darf diese Form der Bestattung Anwendung finden. Das liege an der sogenannten »Friedhofspflicht«, erzählt mir Ulli, die angehende Bestatterin, die mich auch auf das *Recompose*-Projekt aufmerksam gemacht hat. Nur in besonderen, genehmigungspflichtigen Ausnahmefällen können Hinterbliebene die Urne auf einem Grundstück beisetzen, das im Eigentum enger Familienangehöriger liegen muss. In den USA, aber auch in der Schweiz und in den Niederlanden hingegen sei es möglich, die Asche oder eben den Humus an anderen Orten als auf Friedhöfen beziehungsweise in Friedwäldern zu bestatten. Würde der Körper einer Verstorbenen in Deutschland oder Österreich kompostiert werden, müsste die Erde erst recht wieder in einem Sarg oder einer Urne vergraben werden, was die Sache ad absurdum führt.

In Zusammenhang mit dem *Recompose*-Projekt gibt es in den USA auch Initiativen, die versuchen, die Wärmeenergie der Verwesungsprozesse zu nutzen, um etwa die Räumlichkeiten, in denen Trauerfeiern stattfinden, zu heizen. Die sprichwörtliche Kälte des Todes wird umgewandelt in eine fühlbare Wärme des Abschieds.

Meine Eltern haben sich bereits vor Jahren dafür entschieden, nicht auf einem Friedhof, sondern in einem Friedwald begraben zu werden. Es waren vor allem pragmatische Gründe, die sie dafür genannt haben. Mein Bruder und ich, wir sollten nicht mit der Grabpflege belastet werden. Außerdem war es deutlich günstiger, Plätze in einem Friedwald zu pachten, als ein Grab zu mieten. Mir war es damals ausgesprochen unangenehm, diese Gespräche mit meinen Eltern zu führen. Ich wusste, dass sie wahrscheinlich vor mir sterben würden, aber ich konnte die deutliche Ahnung, wie traurig ich sein würde, nicht an mich heranlassen. Die meisten ihrer Versuche, mit mir darüber zu sprechen, habe ich mit dem Verweis, das alles habe noch genügend Zeit, abgewunken.

Tatsächlich hatten wir nicht mehr »genügend« Zeit. Obwohl sich meine Eltern vorgenommen hatten, noch vor der Lungentransplantation einen Baum in diesem Friedwald als ihre Grabstätte auszuwählen, kam es nicht mehr dazu. Erst nachdem mein Vater gestorben war, fuhren meine Mutter, mein Bruder und ich gemeinsam mit meiner Tante und meiner Cousine in den Wald, um einen Platz für die Urne zu finden.

Schon bei diesem allerersten Besuch habe ich verstanden, dass die Entscheidung, in einem Wald begraben zu werden, nicht nur aus pragmatischen Gründen eine sehr glückliche war. Noch tief verstrickt in dem unmittelbaren

Entsetzen darüber, dass mein Vater gestorben war, hat dieser Wald meine Angst sowohl vor der Beisetzung als auch vor einem Trauerort, der nun notwendig geworden war, gelindert. Ich konnte mir sofort vorstellen, wie wir uns auf dieser kleinen Lichtung, am Rande der Böschung, auf der dieser junge Baum steht, auf eine Weise an meinen Vater erinnern, die ihm und uns entsprach.

Die Beisetzung der Urne unter der Linde fand mit Rücksicht auf die instabilen Wetterlagen drei Wochen nach seinem Tod statt. Wir hatten die engsten Freundinnen und Freunde meines Vaters und die nächsten Verwandten dazu eingeladen. Dreißig Menschen saßen auf der kleinen Lichtung im Wald und verabschiedeten sich ein weiteres Mal von ihrem Sohn, ihrem Bruder, ihrem Ehemann, ihrem Vater, ihrem Onkel, ihrem Freund und Arbeitskollegen, während ein Kirschbaum seine weißen Blütenblätter über ihre Köpfe segeln ließ.

Nach dem kurzen offiziellen Teil, nach den Worten des Bestatters, den Abschiedsbriefen, die meine Mutter, mein Bruder und ich geschrieben und vorgelesen hatten, nach den Grußsätzen von meinen Tanten und meinen Cousinen, unterhielten sich alle, aßen belegte Brote, die ein lokales Gasthaus geliefert hatte, tranken Kaffee, Saft und Bier. Es war ein sehr trauriges und gleichzeitig ein sehr schönes Abschiedsfest, das an diesem Tag auf einer kleinen Lichtung im Wald stattfand.

Ganz am Ende, bevor die Letzten, die noch geblieben waren, aufbrachen, versammelten wir uns um die junge Linde. Wir bildeten einen Kreis um den Baum, die Jüngeren stemmten die Beine in den Abhang, um nicht abzurutschen, die Älteren saßen auf Stühlen auf dem flachen Teil vor der Böschung. Mein Onkel forderte uns auf, uns ein paar Minuten lang jenes Bild von meinem Vater vor Augen zu führen, das wir in Erinnerung behalten wollen.

Ich sah meinen Vater, wie ich ihn in den letzten Monaten seines Lebens gesehen hatte: in seinem Trainingsanzug, leicht nach vorn gebeugt wegen der Rückenschmerzen, die ihn plagen, mit seinem hellen, freundlichen und aufmerksamen Blick; wie er in der Küche hantiert, das Mittag- oder das Abendessen zubereitet, eine kleine Flasche Bier neben sich; wie er, wenn die Schmerzen besonders stark sind, mit kleinen Schritten über den Flur geht oder die Treppen hochsteigt in das Computerzimmer, um sich für einige Stunden seinen Fotos zu widmen; wie er am Wohnzimmertisch sitzt und wieder einmal sein ausgezeichnetes Blatt präsentiert, das ihm und meiner Mutter beim Bauernschnapsen einen weiteren haushohen Sieg über meinen Bruder und mich einträgt; wie er am Bahnsteig steht und auf mich wartet, nun wieder ohne Sauerstoffflasche, aber etwas in sich zusammengesunken, mit einem leisen Anflug von Müdigkeit auf den Schultern.

Das Bild, das ich von meinem Vater in Erinnerung behalten wollte, war offenbar eines, das mir auch zeitlich gesehen am nächsten war. Tage später erst ist mir aufgefallen, dass mir an diesem warmen Frühlingstag nicht daran gelegen war, mir ein früheres Bild von ihm, als er noch jünger und kräftiger war und von den ganzen Strapazen seiner Erkrankung noch keine Ahnung hatte, vor Augen zu führen. Ich hatte kein Bedürfnis nach einem unversehrten Vaterbild.

In der Trauer um meinen Vater habe ich den Schmerz meiner frühen Kindheit wiedergefunden, diesen grellen, tobenden Schmerz darüber, dass ein Mensch, den ich liebe, nicht mehr da ist. Mein Papa ist weg, das ist alles, was zählt.

In oft unerwarteten Momenten flammt dieser Schmerz auf, die Auslöser sind nicht so einfach auszumachen: Es kann ein bestimmter Lichteinfall sein, der mich, noch bevor es mir bewusst wird, an seine Liebe zur Fotografie erinnert, ein Klang oder ein Geruch, ein vager Gedanke, der schon dabei ist, sich zu verflüchtigen, und sich im letzten Moment doch noch in einer Erinnerung an ihn verfängt.

Meine Freundin Kaśka vergleicht dieses Aufflammen mit einer Welle, die plötzlich auftaucht, sich bricht und wieder abebbt. Aus eigener Erfahrung weiß sie um dieses emotionale Wogen, um das Schwanken und Wackeln. Sie weiß auch, dass man kaum etwas bewirken kann, und hat mich darauf vorbereitet.

Es erstaunt mich immer wieder, dass ich in dieser Zeit nicht zornig geworden bin auf den Tod: Innerhalb weniger Monate hat er meinen Vater und meinen Freund Leo aus meinem Leben genommen und trotzdem habe ich ihn nicht verflucht, nicht wie früher, als ich ihm vor allem theoretisch mit zornigem Trotz begegnet bin. Abgesehen von einem Moment umfassender körperlicher und seelischer Erschöpfung hat mich auch die Angst vor ihm nicht wieder eingeholt. Vielleicht hat das damit zu tun, dass ich zu begreifen beginne, ihm nicht ausweichen zu können. Vielleicht aber bin ich auch noch zu aufgewühlt, als dass sich die dünne Firnis der Wut über die tiefen Gewässer der Trauer legen könnte.

Neben den Wellen des unmittelbaren Verlustschmerzes gibt es die Augenblicke, in denen mir mein Vater fehlt. Ich würde ihm dann sehr gerne etwas aus meinem Leben erzählen oder ihn fragen, wie er mit dieser oder jener Pflanze umgehen würde.

Wir haben über die lange Zeit, in der ich mein Leben außerhalb meines Elternhauses führe, so etwas wie eine erwachsene Beziehung zueinander entwickelt. Während meines Studiums hat mein Vater oft zwei- bis dreimal die Woche eine Dienstreise nach Wien unternommen. Wir haben uns zum Mittagessen getroffen und darüber gesprochen, was uns gerade beschäftigt. Auf diese Weise habe ich den Teil seines Lebens kennengelernt, über den er zu Hause »mit den Kindern« selten gesprochen hat.

Schrittweise habe ich erfahren, wie sein Arbeitsalltag aussieht, mit welchen Kolleginnen und Kollegen er sich gut versteht, was die Ärgernisse und Schwierigkeiten in seinem Beruf sind. Ich wiederum habe ihm von meinem Studium, meinen Plänen und Freundschaften erzählt. Ich denke, wir verdanken es diesen Gesprächen, die wir beide als Erwachsene geführt haben, dass es möglich war, ihn jeden Tag auf der Intensivstation zu besuchen, ohne dass wir das Gefühl hatten, ein bestimmtes Bild von einem unversehrten, ›starken‹ Vater ginge dabei verloren.

Das Leben, das für mich weitergeht, nachdem er gestorben ist, ist über weite Strecken ein Leben, das ich auch zuvor ohne ihn geführt habe. Es ist nicht mit dem Leid und der Trauer zu vergleichen, von denen Joan Didion und Julian Barnes schreiben und mit denen sich meine Mutter konfrontiert sieht. Dennoch hat sich auch mein Leben verändert.

Die »Muster«, die mein Vater und ich im Laufe der Zeit, über meine Kinder- und Jugendjahre bis in mein Erwachsenenalter, in unserer Beziehung entwickelt haben, verschwimmen. Langsam, sehr langsam ordnen sie sich neu – wie damals, als ich von zu Hause ausgezogen bin und mein eigenständiges Leben begonnen habe, mit dem gravierenden Unterschied, dass wir uns nicht mehr in ein Gasthaus setzen können, um gemeinsam zu essen, dass wir nicht mehr in der Küche bei kräftigem Schwarztee eine Partie Schach spielen können.

Die neuen »Muster«, die ich angesichts seiner Abwesenheit entwickle, tragen viele Spuren von den alten: Wenn

ich meine Pflanzen in der Wohnung versorge, spreche ich nicht mehr nur mit ihnen, sondern auch mit ihm; wenn mir etwas einfällt, von dem ich ihm gerne berichtet hätte, adressiere ich ihn in Gedanken, wobei es meistens um Kleinigkeiten, um berührende Geschichten, kleine Erfolge, skurrile Anekdoten geht; wenn ich die Fotokamera zur Hand nehme, die er mir vererbt hat, erinnere ich ihn an unsere frühere Skepsis gegenüber der digitalen Fotografie, die wir schließlich, er schneller als ich, für doch sehr praktisch befunden haben; manchmal, wenn ich auf Reisen bin und fotografiere, stelle ich mir vor, dass er durch seine Kamera hindurch sehen kann, was ich sehe, dass dieser Apparat gewissermaßen das Medium ist, das ihm zumindest vorübergehend wieder einen Blick auf diese Welt ermöglicht.

In diesen Momenten spiegelt sich eine Art von Trauer wider, die nicht nur mit mir und meinem Schmerz zu tun hat: Sie gibt uns beiden, meinem Vater und mir, Raum und ist in weiterer Folge auch durchlässiger für andere. Diese Momente lassen sich mitteilen, anderen Trauernden gegenüber ebenso wie Menschen, die den Verstorbenen vielleicht gar nicht gekannt haben. Sie schließen die Lebenden und die Toten mit ein.

5.

Das erste Kapitel von Per Olov Enquists *fragilen Utopien,* wie der Untertitel seines Essaybandes *Die Kartenzeichner* lautet, ist der »Grabzugehörigkeit« gewidmet. Er schildert darin, wie er am Abend nach dem Tod seines besten Freundes bei einer Abendgesellschaft in Kopenhagen seine Tischnachbarin recht unvermittelt danach fragt, »in welchem Grab sie liegen würde, wenn sie stürbe«. Sofort mischt sich der mittlerweile dritte Ehemann der Frau ein und meint, es sei selbstverständlich, dass sie bei ihm, in »unserem Familiengrab« bestattet würde. Die Frau selbst hingegen ist sich gar nicht so sicher, an wessen Seite sie ihre »letzte Ruhe« verbringen möchte.

Schließlich stellt sich heraus, dass sie am liebsten »ganz alleine, gemeinsam mit ihrem Kind ruhen wolle«. Sie bedauert, dass sich im Laufe ihres Lebens so viele Männer zwischen sie und ihre Tochter gedrängt hätten. Die Frage ihres aktuellen Ehemannes, ob sie sich »überhaupt denke könne, im selben Grab zu ruhen wie er«, bleibt unbeantwortet.

Das Thema der »Grabzugehörigkeit« greift am Tisch um sich: Ein Mann erklärt, dass er »verbrannt und von der Steilküste nördlich von Hirtshals an der Westküste Jütlands verstreut werden wolle«, woraufhin seine Ehefrau vor Wut in Tränen ausbricht. »Es wurde sehr kompliziert. Alle fingen an, durcheinander Versicherungen abzugeben.« Die Stimmung kippt, die Leute brechen auf und gehen nach Hause.

»Es war schwer, sich klarzumachen, was geschehen war. Alle, die sich in dieser Gesellschaft befanden, behaupteten, eine feste Zugehörigkeit im Leben zu haben, aber angesichts der Möglichkeit, dass das Leben aufhörte und der Tod einsetzte, schienen die Zugehörigkeiten sich aufzulösen, Versicherungen zu werden oder einfach Lügen. Die verschwiegene Zugehörigkeit schien sich im Angesicht des Todes zu entfalten, hervorzutreten wie das Bild in einem Entwicklerbad, schien wahrhaftiger, enthüllte aber zuweilen den völligen Mangel an Zugehörigkeit, was das Schlimmste war.«

Wenn sich der soziale Raum, den Menschen für ihre »letzte Ruhe« in Betracht ziehen, von jenem unterscheidet, in dem sie tagtäglich ihr Leben verbringen, kann dies zu Missverständnissen und Kränkungen führen. Es ist aber immer wieder auch so, dass Menschen ihre »Grabzugehörigkeit« nicht selbst wählen:

Vor der Geschichte mit der aufgelösten Tischgesellschaft erzählt Per Olov Enquist, wie seine Mutter darüber bestimmte, dass auch sein Name in den Grabstein graviert werden solle, unter dem sein Vater begraben lag. »Ganz unten rechts, wo die kleinen Kinder oder die fast totgeborenen zu stehen pflegten«, skizzierte seine Mutter den Platz für den Namen ihres erwachsenen Sohnes. All seine Einwände, dass er selbst eine Familie habe und seit Langem schon an einem anderen Ort wohne, blieben unerhört.

»Es war unabänderlich. Wo sollte ich sonst ruhen. Auf jeden Fall nicht im Ausland. Das wäre schändlich, und man müsste sich vor den anderen schämen.«

Das »Ausland« war in den Augen seiner Mutter alles, was außerhalb eines Radius von wenigen Kilometern von seinem Geburtsort entfernt lag. Dazu zählte Stockholm ebenso wie Kopenhagen, Paris, Los Angeles und all die anderen Städte, in denen er bislang viele Jahre seines Lebens verbracht hatte. »Außerhalb war das Ausland, und dort war es, als ginge man auf Glatteis.«

Die »letzte Ruhe« sollte in den Augen von Enquists Mutter an einem Ort stattfinden, den sie mit Fug und Recht als »Zuhause« betrachtete. Ihre Gewissheit, dass auch der weitgereiste Sohn, der viel länger im »Ausland« als an seinem Geburtsort gelebt hatte, hierhergehöre, war unerschütterlich. Der Ort einer bestimmten sozialen und räumlichen Zugehörigkeit konnte weder durch sein Erwachsenenalter und die von ihm neu geknüpften Familienbande noch durch seine physische Abwesenheit infrage gestellt werden:

Er war der Sohn, dessen Name »ganz unten rechts« auf dem Grabstein zu stehen hatte, unter dem auch die Eltern begraben sein würden. Dieser Grabstein hatte sich an jenem Ort zu befinden, wo er geboren und aufgewachsen war. Das Leben, wie es für ihn verlaufen war, wie und wo er es geführt hatte, konnte an diesen unverrückbaren Tatsachen nichts ändern.

Die Wahrheit, die sich in einer »Grabzugehörigkeit« zeigt, liegt außerhalb unserer Gegenwart. Sie wird aus der Zeit, in der wir unterschiedliche zwischenmenschliche Beziehungen eingehen und immer wieder neue Lebensmittelpunkte wählen, herausgesprengt. Sie führt uns an jenen Ort, von dem wir beziehungsweise andere meinen, dass wir »eigentlich« dort hingehörten. Das, was sich in unserer Lebenszeit, ob nun zufällig, fremd- oder selbstbestimmt, abgespielt hat, verliert angesichts der Unendlichkeit seine Bedeutung. Es wird abstrakt wie die Zeit, die nicht mehr vergeht. Unsere Zugehörigkeit mit all ihren Verwicklungen, Widersprüchen und Unklarheiten gerinnt zu einem Moment, der sich in Stein meißeln lässt.

Wir befinden uns nicht länger auf dem »Glatteis«, auf dem wir den Halt verlieren, aber auch Kreise ziehen, Pirouetten drehen und Weggefährtinnen finden können. Wir »ruhen für immer« dort, wo wir in unseren oder in den Augen unserer Angehörigen »im Grunde« hingehören.

Dieser »Grund« hat viele Schichten: Sedimente einer geografischen und sozialen Herkunft; Ablagerungen von Wegen, die mit der Zeit zurückgelegt wurden; Splitter geknüpfter und wieder gelöster Beziehungen zu anderen Menschen. Der Blick nach vorn, auf das Ende unseres Lebens hin, ist zugleich ein Blick zurück. Wir werfen ihn aus auf der Suche nach den Dingen, die uns »wirklich« wichtig sind.

Die Wahrheit unseres Lebens erscheint in einem anderen Licht. Sie gerinnt zu einem Stillleben, an dem wir, solange wir noch auf dieser Welt sind, Korrekturen vornehmen, Inhalt und Form verändern können.

Die Wahrheit liegt diesseits des Flusses des Vergessens. Am Eingang ins Totenreich der griechischen Mythologie trinken die Verstorbenen aus dem Lethe, dem Fluss, den sie auf ihrem Weg in die Unterwelt passieren, um ihr Leben auf Erden zu vergessen. Je nach Überlieferung werden ihre Seelen dabei erlöst oder auf ihre Wiedergeburt vorbereitet. Das, was die Fluten des Lethe nicht ins Vergessen stürzen, bleibt unverborgen, »wahr«: Die Wahrheit ist auf Altgriechisch das Gegenteil des Vergessenen – die *alētheia*.

Wenn nun mit Blick auf den Lethe, der noch nicht passiert wurde, eine Wahrheit über eine soziale und geografische Zugehörigkeit in Betracht gezogen wird, wird der Tod als zeitliche und räumliche Grenze, die dem konkreten Verlauf unseres Lebens ein Ende setzt, wahrgenommen. Wie der Fluss bildet er eine Schwelle, über die hinaus nichts mehr zutage treten kann.

»Das ist nicht schwarzweiß«, sagt ein Arzt zur Schriftstellerin Joan Didion, als er ihr »die Schwelle zwischen Leben und Tod« erklären will.

»Ich erinnere mich, dass ich dachte, der Arzt hätte unrecht. [...] Es gab eine Schwelle.« Über die »abrupte Endgültigkeit« dieser Schwelle denkt sie nach der Genesung ihrer Tochter sowie nach weiteren Sterbefällen in ihrem Freundes- und Bekanntenkreis, die auf den plötzlichen Tod ihres Lebensgefährten folgten, nach. »In jedem dieser Fälle schien die Formulierung ›nach langer Krankheit‹ zuzutreffen. Sie zog die irreführende Vermutung nach sich, es habe sich um eine Befreiung, eine Erleichterung, um Erlösung gehandelt. Bei jeder dieser langen Krankheiten war der Tod mit im Bild gewesen [...]. Ihn dort zu sehen hieß aber nicht, dass man, als er eintrat, die abrupte Leere des Verlusts von sich hätte abwenden können. Es war immer noch schwarzweiß. Jede [...] lebte bis zum letzten Augenblick, dann waren sie tot.«

Dieser Graubereich, den der Arzt zu beschreiben versucht und den Joan Didion so vehement ablehnt, existiert aus medizinischer Sicht ebenso wie aus religiöser und spiritueller. In der Schwebe zwischen Leben und Tod spielen sich jene Phänomene ab, die selbst in den sezierenden Naturwissenschaften als unerklärlich gelten dürfen.

»Kommen Sie mir jetzt nicht dumm, Ryan. Tot ist tot.

Es gibt da ein Problem, Ron – ein Problem ohne tröstliche Lösung. In medizinischer und rechtlicher Hinsicht tritt der Tod ein, wenn Ihr Herz nicht mehr schlägt. Es bleibt stehen. Sie tun Ihren letzten Atemzug. Ihr Gehirn ist dann allerdings noch nicht tot, es wird erst etwa fünf Minuten später sterben, im Extremfall nach zehn oder fünfzehn Minuten. Das Gehirn stirbt aufgrund von Sauerstoffmangel. Es besteht wie der restliche Körper aus lebendem Gewebe. Möglicherweise weiß das Gehirn, dass wir tot sind, bevor es selbst stirbt.

Sie verarschen mich doch, sagte Ron.
Ich verarsche Sie nicht, Ron.«

Doktor*in Ry, von Ron Lord aufgrund der »männlichen Erscheinung«, wie er meint, beharrlich »Ryan« genannt, erklärt in Jeanette Wintersons *Frankissstein* auf weniger behutsame Weise, dass die Grenze zwischen Leben und Tod »nicht schwarzweiß« ist. Ry und Ron stehen, während sie dieses Gespräch führen, im Lager eines Unternehmens, das die Körper von Verstorbenen in flüssigem Stickstoff konserviert, um sie später, sobald die dafür notwendigen Technologien zur Verfügung stehen werden, wieder zum Leben zu erwecken. Der heikle Punkt dieses Verfahrens liegt genau an der Schwelle zwischen dem Tod »in medizinischer und rechtlicher Hinsicht« und dem Tod des Gehirns. Um die theoretische Möglichkeit, das Gehirn auf funktionstüchtige Weise in weiter Zukunft zu reaktivieren, müssen die Konservierungsmaßnahmen in genau dieser Zeitspanne eingeleitet werden: in jenem Zeitfenster, in dem der Körper bereits tot ist beziehungsweise »in medizinischer und rechtlicher Hinsicht« für tot erklärt wurde, während das Gehirn, vielleicht auch der Geist oder das Bewusstsein, noch lebt.

Jeanettes Wintersons Roman kreist um diese Fragen: Sind wir als Menschen in der Lage, uns als Tote zu denken? Und sind von Menschen erschaffene Kreaturen, ob nun »Monster«, die aus Leichenteilen zusammengestückelt wurden, Roboter, die darauf programmiert wurden, »menschlich« zu handeln, oder körperlose Künstliche Intelligenz, in der Lage, sich selbst als lebendig zu denken?

Wo liegt die Grenze, die der Tod ist? Wo beginnt sie und wo hört sie auf? Ist sie mit einem Satz zu überwinden oder ist es ein Etappenlauf, den es zu absolvieren gilt? Was geschieht in diesem Zeitfenster, in dem »das Gehirn möglicherweise weiß, dass wir tot sind, bevor es selbst stirbt«?

Ab welchem Punkt haben wir die Grenze überschritten, wann tritt der Tod zutage und taucht unser Leben in Vergessen? Setzt er ein, sobald die Herzschläge nicht mehr am Monitor aufscheinen, oder erst dann, wenn das Beatmungsgerät abgestellt wird? Ist der letzte Atemzug immer auch der »letzte Augenblick«? Oder strahlt das Bewusstsein hinüber, solange das Gehirn noch Luft hat?

Wie ist die Strecke, die sich vom Ende unseres Lebens hin zum Tod spannt, beschaffen? Handelt es sich um einen Fluss wie in der griechischen Mythologie? Gibt es Fährleute, Brücken, oder muss man hinüberschwimmen? Handelt es sich um einen Küstenstreifen, um einen Landstrich? Ist er eben oder durchzogen von Bergen und Tälern? Gibt es Stützpunkte, Wachposten, Schutzhütten?

Und wie stark wurde in diesen Grenzbereich eingegriffen? Ist der Fluss begradigt worden oder folgt er noch seinem ›natürlichen‹ Lauf? Hat sich das Klima an der Küste, in den Bergen und Tälern verändert? Ist es rauer oder milder geworden? Wurden Wälder gerodet, um die Hänge schneller hinabgleiten, die Grenze zügiger überwinden zu können? Welche Maßnahmen wurden gesetzt, um die Grenze besser zu schützen oder, umgekehrt, durchlässiger zu gestalten? Wer wird mit welchem Passierschein versehen, wer verfügt über welche Reisedokumente? Wem wird es gestattet, die Grenze reibungslos zu überqueren, wer wird aufgehalten, wer so schnell wie möglich abgeschoben?

Joan Didion beschließt »eines Tages«, als es ihr »von Bedeutung erscheint«, wieder das Stück *Alkestis* des griechischen Dichters Euripides zu lesen. Darin tauscht die Titelheldin Alkestis ihr Leben gegen das ihres Mannes. An seiner Stelle tritt sie die Reise über den Lethe an und kehrt durch eine abrupte, schicksalhafte Wendung wieder zurück. Allerdings kann sie, aus dem Reich der Toten zurückgekehrt, nicht mehr sprechen. Am Ende des Stücks wird

nahegelegt, dass es sich bei diesem Verlust der Sprache um einen vorübergehenden handle.

»Wenn wir uns nur auf den Text verlassen, hat das Stück ein glückliches Ende«, resümiert Joan Didion und erzählt, in welcher Form sie die *Alkestis* »eigentlich« in Erinnerung hatte: In der Version ihrer ersten Lektüre, die Jahrzehnte zurückliegt, spricht die zurückgekehrte Alkestis nicht, da sie nicht sprechen will. Auf das Drängen ihres Mannes hin gibt sie schließlich nach und spricht die Wahrheit darüber aus, was sie von ihm hält. Sie nennt seine Schwächen und Fehler beim Namen. Das erträgt dieser Mann nicht und veranstaltet zur Ablenkung ein Fest, dem sich Alkestis aber entzieht. Sie bleibt in ihrem Leben, das sie scheinbar wiederaufgenommen hat, eine Fremde.

»In mancher Hinsicht ist das die bessere (stärker ›ausgearbeitete‹) Version, eine, die zumindest anerkennt, dass der Tod denjenigen, der gestorben ist, ›verändert‹, aber sie wirft auch neue Fragen zu jener ›Schwelle‹ auf. Wenn die Toten wirklich zurückkämen, welches Wissen brächten sie dann mit? Könnten wir ihnen dann gegenübertreten? Wir, die wir ihnen erlaubt haben, zu sterben? Das helle Tageslicht sagt mir, dass ich John nicht erlaubt haben kann zu sterben, dass ich diese Macht nicht besitze, aber glaube ich das? Und er?«

Darüber, dass der Tod die Hinterbliebenen verändert, wenn er einen Menschen aus ihrem Leben nimmt, ist sich Joan Didion im Klaren, davon handelt ihr Buch, in dem sie sowohl die imaginierten als auch die realen Handlungsspielräume auslotet, die sie nach dem Tod ihres Lebensgefährten in Anspruch nimmt. Die Frage, inwiefern er »denjenigen, der gestorben ist, ›verändert‹«, ist komplizierter:

Da ist zunächst der Körper, der seine Funktionen einstellt, sobald er die »Schwelle« passiert. Er wird kalt und unbeweglich, um in weiterer Folge jenen Verwesungsprozess einzuleiten, der so viel Wärme generiert, dass er, wie in den Initiativen rund um das *Recompose*-Projekt, die Lebenden damit versorgen könnte. Je nach Sauerstoffzufuhr verwandelt sich der tote Körper über einen gewissen Zeitraum hinweg in Erde. Oder er wird durch zusätzliche Energiezufuhr in Asche verwandelt. In jedem Fall verliert der tote Körper seine lebendige Gestalt. Er »zerfällt«, wie eine gängige Redewendung lautet.

Selbst wenn die Veränderungen des Körpers wie in der griechischen Sage keine Rolle spielen, so ist es doch bemerkenswert, dass der Schritt (oder die Wanderung oder die Fahrt) über die »Schwelle« »denjenigen, der gestorben ist, ›verändern‹« soll: In Joan Didions erinnerter Version »ihrer« *Alkestis* passiert diese den Fluss des Vergessens, um mit einem größeren Hang zur Wahrheit zurückzukommen. Ob sich Alkestis schon zu Lebzeiten die Wahrheit über ihren Mann vor Augen geführt hat oder ob sie diese Erkenntnis ihrem Tod verdankt, lässt sich aus der Schilderung nicht entnehmen. Fest steht, dass sie, die den Lethe überquert hat, das, was auch diesseits des Flusses im Verborgenen bleiben sollte, ans Tageslicht bringt. Nach längerem Schweigen, in dem sie die Wahrheit für sich zu behalten versucht, spricht sie schließlich aus, was sie von jenem Mann hält, an dessen Stelle sie ihre Reise ins Totenreich angetreten hat. Aus der Welt des Vergessens zurückgekehrt bleibt ihr nichts anderes zu sagen als die Wahrheit.

VERÄNDERUNGEN

1.

Welche Wahrheit liegt im Vergessen? Welche in der Erinnerung?

»Ohne die Erinnerung der Seele ist der Körper nicht zu verstehen«, schreibt der Schriftsteller und Fotograf Péter Nádas zu Beginn seines Buches *Der eigene Tod.* Darin schildert er eine Nahtoderfahrung, mit der er sich, 51-jährig, nach einem Herzinfarkt konfrontiert sah.

Zunächst scheint er seinen Körper in der Tat »nicht zu verstehen«. Einen ganzen Tag lang schleppt er sich mit gravierenden körperlichen Symptomen und unter heftigen Schmerzen durch Budapest.

Die Erfahrung der »Todesangst« registriert er »mit klarem Kopf« und mit »jeder Faser« seines Körpers. Wichtig ist ihm, »den Schmerz des Körpers und seine Angst mit Anstand zu ertragen«, wobei ihm die »wildfremden Menschen« in seiner unmittelbaren Umgebung helfen. »In den ersten zehn Jahres seines Lebens wird der Mensch durch Liebesentzug und Verweigerung der Betreuung dazu gebracht, anderen nicht mit Phänomenen seines organischen Lebens zur Last zu fallen. Ich erfüllte alle meine Pflichten, die Komödie war vollkommen, ebenso mein Erfolgserlebnis. Die Freude darüber machte fühlbar, wie weit sich mein Bewusstsein von der Realität physischer Empfindungen entfernt hatte. Ich stand mit meiner Freude außerhalb meiner selbst. Doch in Wirklichkeit musste ich mich in einem bleigrauen Brei fortbewegen, dessen Hitze die Eiseskälte meines Körpers nicht lindern konnte.«

Dass es sich bei der Erfahrung des »Liebesentzugs und Verweigerung der Betreuung« nicht um eine, wie an dieser Stelle suggeriert, »des Menschen« im Allgemeinen, sondern um eine spezifische, von zeitlichen, geografischen und sozialen Faktoren geprägte handelt, ist eine Sache, die zur Erklärung der Achtlosigkeit dem eigenen Körper gegenüber, die ich bestürzend finde, beitragen kann. Angesichts der geschilderten Symptome und ihrer Intensität ist es sonst kaum nachzuvollziehen, warum Péter Nádas nicht schon früher ein Krankenhaus aufsucht oder die Rettung anruft.

Péter Nádas ist 1942 in Budapest geboren, seinen Herzinfarkt erleidet er im Alter von 51 Jahren, also im Jahr 1993. Zu dieser Zeit gab es in der von den Wendejahren gezeichneten ungarischen Hauptstadt eine zumindest ausreichende medizinische Versorgung, wie sich in der weiteren Erzählung zeigen wird. Bedeutend scheint vielmehr die Tatsache, dass er während des Zweiten Weltkrieges im faschistischen Ungarn geboren wurde und mit fragwürdigen Erziehungsmethoden aufwuchs, die Kinder dazu bringen sollten, »mit Phänomenen ihres organischen Lebens nicht zur Last zu fallen«.

Die in seiner »Freude« über die »vollkommene Komödie« gefühlte Entfernung von sich selbst weitet sich aus auf sein Spiegelbild: »Doch im Spiegel sah ich vor allem, dass sich jemand selbst betrachtet. [...] Das war nicht ich, obgleich ich eigentlich nichts anderes hätte sehen dürfen als mein Spiegelbild.«

Die Entfremdung, die Péter Nádas beschreibt, als er sich gezeichnet von Schmerz und Atemnot im Spiegel der Toilettenanlage eines Cafés betrachtet, erinnert an die tradierte Vorstellung davon, »der Mensch« würde im Angesicht des Todes in einen Spiegel blicken, in dem sein Ich zugunsten einer »tieferen«, körper-, zeit- und raumlosen Wahrheit die Fassung verliert. Dem Tod wird dadurch eine übermenschliche Kraft zugesprochen, er wird zu einer metaphysischen Instanz, die in der Lage ist, die Wahrheit der beziehungsweise einer menschlichen ›Natur‹ ans Licht zu bringen. Philosophische Diskurse über die »Eigentlichkeit« menschlicher Existenz, die sich durch ein elaboriertes Bewusstsein über die eigene Sterblichkeit auszeichnet, basieren ebenso auf dieser Vorstellung wie religiöse und spirituelle Architekturen eines Jenseits, in dem sich »der Mensch« in ein metaphysisches, über Körper, Zeit und Raum erhabenes Wesen verwandelt. Der Tod scheint ein nützliches Vehikel dafür zu sein, die Zeit- und Raumlosigkeit von Wahrheit zu argumentieren. Dass er in den unzähligen Varianten, in denen er ein- und auftritt, historischen, geografischen und sozialen Konjunkturen unterworfen ist, passt nicht in diese Vorstellungen von einer »tieferen« Wahrheit, zu der er Zugang verschaffen soll.

Zeit- und Raumlosigkeit spielen auch in Péter Nádas' Schilderungen seiner Nahtoderfahrung eine wesentliche Rolle: Nachdem er sich schließlich doch zu einem Arzt geschleppt hat und mit Blaulicht in ein Krankenhaus gebracht worden ist, verliert er das Bewusstsein. Eine Infusion zur Erweiterung der Herzkranzgefäße löst einen anaphylaktischen Schock aus.

»Es läuft etwas ab, das äußerst schwer in Worte zu fassen ist, denn in dem Zustand, der dem Tod vorausgeht, verliert die herkömmliche Zeitrechnung nahezu ihre Gültigkeit. Ein großer Lichtschalter wird betätigt. Der Hauptschalter.«

In weiterer Folge schreibt Péter Nádas von einem »Allerlebnis«, das ihm zuteilwird, von einem »Ganzheitserlebnis, wie es in dieser jämmerlichen Schattenwelt höchstens mit religiöser Verzückung oder den Ekstasen der Liebe vergleichbar ist«, sowie von einer »Totalität meiner Erinnerung«, die er erlebt: »In der Zeitlosigkeit hat das Vergessen keinen Platz. Im Augenblick des Todes laufen die Ereignisse des Lebens innerlich noch einmal ab, pflegt man das mangels einer besseren Formulierung zu nennen. Ehrlich gesagt läuft gar nichts ab. Aber man kann sie endlich klar überblicken, denn in der Zeitlosigkeit hat auch die Erinnerung keinen Platz. Ein Leben lang hat man sie nicht verstanden, weil man Körper und Seele niemals als Einheit gesehen hat.«

Aus der »dämmrig dunklen Leere« dieses »Allerlebnisses« wird er hinaus-»gekippt«, »ich kippe irgendwohin, wo es Entfernungen gibt, Luft hingegen nicht, eine Grenzlinie schon, aber an diese Dinge knüpfen sich keine selbstständigen Begriffe«. Von dieser Bewegung hat seine Erinnerung »ein Bild bewahrt, das sich relativ zur Lichtquelle von unten nach oben bewegt, sich langsam dreht und dann zum Stillstand kommt. Ich sehe den ovalen, stark gekräuselten Eingang der Höhle«. Ein paar Seiten später bemerkt er, dass diese »Höhle auf irgendwie vertraute Art zart gerippt« war, um schließlich seine Bewegung auf die »Lichtquelle« zu mit seiner Geburt zu assoziieren: »Ich rutschte aus dem Uterus meiner Mutter in den Geburtskanal, und damit war es vorbei mit dem Urzustand, zu dem ich im Moment meines Todes zurückgekehrt war.«

Das Ich dieser Nahtoderfahrung hat zwar seine räumliche und zeitliche Fassung verloren, aber es hat eine Erinnerung zurückgewonnen, die »ein Leben lang vom Erinnerungsmechanismus des körperlichen Seins verdeckt wurde«. Diese »Erinnerung der Seele« an einen »Urzustand«, an das »kosmische Wirken der Schöpfungskraft«, ist dem erzählenden Ich, das durch Reanimation erneut in Raum und Zeit verankert wurde, nicht abhandengekommen. Diese Wahrheit wurde aus der Welt des Vergessens beziehungsweise aus der »Totalität der Erinnerung« in die Welt des Unverborgenen, in »diese jämmerliche Schattenwelt« übersetzt.

Bemerkenswert an Péter Nádas' *Der eigene Tod* ist, dass die Nahtoderfahrung zwar sehr ausführlich und im Duktus einer Art besonderer Erleuchtung geschildert wird, dass aber der Veränderung, die diese für ihn und sein weiteres Leben bedeutet, nur wenige Passagen am Ende gewidmet sind.

»Als man mich einige Tage später nach einem kleineren chirurgischen Eingriff entließ, versuchte ich in jene Umwelt zurückzukehren, die der Mensch unter großen Zweifeln das diesseitige Leben nennt. Ich bemühte mich, zu den einfachsten, grundlegendsten Verrichtungen zurückzufinden [...]. Ich staubsaugte. Staub, Teppich, Polster, ich bemühte mich, sie in ihrem realen Sein ernst zu nehmen.«

Im nächsten Absatz verallgemeinert er schon die Veränderungen, die er an sich bei seinem Versuch, zurückzukehren, wahrgenommen hat: »Nachdem jemand gewaltsam [!] zurückgeholt worden ist, geht ihn nichts mehr etwas an. Weder die Gegenstände noch die anderen Menschen, weder das eigene Wissen noch die eigene Lebensgeschichte, nichts. Gefühle gibt es, wenn man sich in den Finger sticht, tut es weh, aber es geht einen nichts an« – außer »vielleicht die Substanz des Himmels, seine Farbe. Die Umrisse einer Pflanze, die Erinnerung an ein früheres Parfum Magdas [seiner Frau], ausgelöst vom Geruch ihres jetzigen, der Flug eines Vogels, eher die nicht greifbaren Dinge, sonst nichts, absolut nichts.«

In dieser Welt der Nichtigkeiten muss »jede Beziehung neu geschaffen werden«. Die »reale Existenz der Dinge ernst zu nehmen« fiel ihm so schwer, dass er sich »lange nicht aus der Wohnung wagte«.

Die »Dualität« von Körper und Bewusstsein, die der Neuropsychiater Peter Fenwick im Sinn hat, wenn er dafür plädiert, schon zu Lebzeiten zu lernen, sich vom eigenen Körper zu verabschieden, ist in *Der eigene Tod* nach dem kurzen Abstecher in ein »Allerlebnis« schnell wieder zurückgekehrt. Die Kluft zwischen der körper- und begriffslosen Erfahrung der Todesnähe und »jener Umwelt, die der Mensch unter großen Zweifeln das diesseitige Leben nennt«, scheint nun unüberwindbar: auf der einen Seite die »nicht greifbaren Dinge« und eine Zeit, in der »in Wahrheit« »das Zuerst und das Zuletzt nicht voneinander zu trennen sind«; auf der anderen die »reale Existenz der Dinge«, die Lebenszeit und die Lebensgeschichten, die »in Wahrheit« nicht ablaufen, da sie in der »Totalität der Erinnerung« überblickt werden.

Was das erzählende Ich betrifft, hätte mich vor allem interessiert, ob sich die bestürzende Achtlosigkeit gegenüber den körperlichen Symptomen und Schmerzen verändert hat. Mich interessiert das aus erzählerischen Gründen. Wirft die erzählte Erinnerung an die Erfahrung der Nichtigkeit des »diesseitigen Lebens« ihre Schatten voraus auf die Schilderung jenes Tages, an dem sich Péter Nádas mit verengten Herzkranzgefäßen durch die Stadt geschleppt hat? Oder spiegelt sich umgekehrt in der Erzählung, »gewaltsam« ins Leben »zurückgeholt« zu werden, die spezifische Erfahrung, »in den ersten zehn Jahres seines Lebens durch Liebesentzug und Verweigerung der Betreuung dazu gebracht [worden zu sein], anderen nicht mit Phänomenen seines organischen Lebens zur Last zu fallen« wider?

Die Wahrheit, die im Vergessen des eigenen Körpers liegt, kann sich nur innerhalb eines physikalischen Rahmens kraft physiologischer Abläufe artikulieren: Alkestis kehrt in menschlicher Gestalt ans diesseitige Ufer des Lethe zurück, um, in Joan Didions erinnerter Version, die Wahrheit zu sagen beziehungsweise, Euripides zufolge, zu verschweigen; das lyrische Ich in Ludwig Hirschs Lied imaginiert sich in einen von jeglichem Schmerz befreiten Körper, der »lachen« kann und »singen« und »das gibt's net! schreien«; meine Vorstellungen vom guten Ende der Lungentransplantation meines Vaters waren ebenfalls davon geprägt, dass er, nachdem ein lebenswichtiges Organ entnommen und durch ein anderes ersetzt worden war, mit Haut und Haar auf dieser Welt blieb; und auch Péter Nádas' Erzählung vom *eigenen Tod* lebt davon, dass diese Erfahrung von Zeit- und Raumlosigkeit in eine zeitliche Abfolge übersetzt, an bestimmten Orten situiert wurde.

Die Wahrheit, die in der zeitlich verankerten Erinnerung an eine »Totalität der Erinnerung« liegt, ist keine über- oder unterirdische. Sie lässt sich aber auch nicht so einfach einverleiben. In den völlig anderen Wahrnehmungsweisen von Zeit und Raum, die geschildert werden, zeigt sich eine Veränderung, deren Grundlagen und Modi mit bekannten Maßstäben nicht erfasst werden können. Diese Art der Begegnung mit etwas ganz anderem verändert auf eine Weise, die sich nur zum Teil in Worte kleiden, in verständliche Sprachbilder übersetzen lässt.

2.

Was bedeutet es, anzuerkennen, dass der Tod diejenigen, die gestorben sind, verändert? Bedeutet es, den Tod als eine Erfahrung zu betrachten, die nur unter außergewöhnlichen Umständen in ein »diesseitiges Leben« übersetzt werden kann? Was geschieht mit einer zeit- und raumlosen Erfahrung, wenn sie erzählt wird? Wenn sie in konkreten Lebenszusammenhängen verankert wird? Wenn die Erzählweise, der Gebrauch bestimmter Sprachbilder und Ausdrücke nicht von kulturellen Gepflogenheiten, Bildungsstand, geografischer und sozialer Herkunft zu lösen sind?

Obwohl ein bestimmter erzählerischer Gestus dazu neigt, immer wieder auf ein imaginiertes Allgemeines, auf »den Menschen« zu verweisen, ist Péter Nádas' *Der eigene Tod* von radikaler Subjektivität. Das gilt für das erzählende Ich, das sich des körperlosen Ichs annimmt und ihm seine Stimme leiht, ebenso wie für das körperlose Ich, das sich ganz und gar dem Empfinden an der »Schwelle« zwischen Leben und Tod überlässt. Beide handeln (sie erzählen, erinnern und vergessen) und beide sind ganz spezifischen Erfahrungen unterworfen, darunter auch jener, Anfang der 1990er-Jahre in Budapest beinahe an einem Herzinfarkt gestorben zu sein.

Wie schwierig es ist, die radikal subjektiven Veränderungen zu benennen und in Worte zu kleiden, die mit dem Tod – mit dem eigenen Tod wie bei Péter Nádas, mit dem Tod geliebter Menschen sowie mit einer bewussten Erfahrung der eigenen Sterblichkeit – einhergehen, kann ich, während ich an diesem Buch schreibe, nachvollziehen. Während ich davon erzähle, wie mich die Angst vor dem Tod vor vielen Jahren so fest im Griff hatte, während ich mich an meinen Großvater, an Leo und an die letzten Jahre im Leben meines Vaters erinnere, handle (schreibe) ich angesichts der spezifischen Erfahrungen, denen ich zu bestimmten Zeitpunkten unterworfen war und die mich auch in Zukunft prägen werden.

Mein erzählendes Ich hat sich des ängstlichen aus meiner Kindheit ebenso angenommen wie des um das Leben seines Vaters bangenden und des trauernden. Der Weg, den ich dabei erzählend beschreite, ist einer unter vielen anderen möglichen. Zu meinen Weggefährtinnen zählen auch mein ängstliches, mein bangendes und mein trauerndes Ich. Sie sind maßgeblich an den Entscheidungen, welchen Weg wir schreibend einschlagen, beteiligt.

Radikal an dieser Art von Subjektivität ist vielleicht, dass sich nicht eindeutig, nicht einwandfrei bestimmen lässt, wer das Subjekt dieser Erzählung ist: Infrage kommen (und stehen) alle daran Beteiligten, das handelnde (erzählende, erinnernde, vergessende) Ich ebenso wie die verhandelten (ängstlichen, bangenden, trauernden). Uns allen gemeinsam ist die Erfahrung, dass der Tod verändert.

Im Ausdruck »Subjekt« schlummert sowohl die im Deutschen gängige Bedeutung eines denkenden und handelnden Wesens als auch die im Französischen (*sujet*) sowie im Englischen (*subject*) stärker aufscheinende Ebene der Unterwerfung. Maggie Nelson zitiert auf den Spuren dieses »zweitausend Jahre alten historischen Wortspiels« den Philosophen Etienne Balibar: »Warum ist es so, dass der Name, der es der modernen Philosophie erlaubt, die ursprüngliche Freiheit des Menschen zu denken und zu bezeichnen – der Name Subjekt –, zugleich der Name ist, der historisch Unterdrückung der Freiheit bedeutete, zumindest eine der Freiheit inhärente Einschränkung, nämlich *subjection* [Unterwerfung]?«

Wenn ich mir unter diesem Gesichtspunkt den Tod als handelndes Subjekt vorstelle, das sowohl die Hinterbliebenen als auch diejenigen, die gestorben sind, verändert, komme ich nicht umhin, mich zu fragen, in welcher Form und von welchen Instanzen seine Handlungsfreiheit eingeschränkt wird, wessen *sujet* er seinerseits ist.

Dass der Tod Gegenstand von Vorstellungen und Erzählungen, von Ängsten und Träumen ist, ist eine Sache: Ihn in furchterregenden Bildern darzustellen, ihn mit übermenschlichen Kräften auszustatten und ihn der Welt, in der wir an Zeit und Raum gebunden leben, zu entheben, hilft dabei, uns selbst als Subjekte, die dem Tod unterworfen sind, zu begreifen. Angesichts einer metaphysischen Übermacht fällt es weniger schwer, anzuerkennen, dass die »ursprüngliche Freiheit des Menschen« eingeschränkt ist.

Eine andere Sache ist es, in Betracht zu ziehen, inwieweit der Tod den räumlichen und zeitlichen Gesetzen dieser Welt unterworfen ist, inwieweit er als durchaus von dieser Welt begriffen werden kann. Um den Tod weder zu einem metaphysischen Ungeheuer noch zu einem allumfassenden Erlöser zu stilisieren, scheint es mir hilfreich, daran zu denken, dass es ihn nicht einmal gibt. Es gibt ihn unzählige Male, tausend- und abertausendfach, und niemals unabhängig von Zeit und Raum. Er tritt zu bestimmten Zeitpunkten, an konkreten Orten, unter gewissen Umständen ein und auf. Jede Erzählung, die von ihm handelt, jede Erinnerung an ihn, die weitergegeben wird, verschreibt sich einem konkreten Ablauf. Insofern geht es auch darum, anzuerkennen, dass er sich jedes Mal verändert, wenn jemand stirbt. Dass er in der Tat nicht für alle gleich ist.

Wenn ich mich an den Tod eines Menschen erinnere, bedeutet das also auch, dass ich, wie in den Vorgesprächen und Trauerreden des *Memento*-Bestattungskollektivs, die Umstände, in denen dieser Mensch gestorben ist, in Betracht ziehe. Ich setze die Veränderungen, die mit dem Tod eingetreten sind, in ein Verhältnis, das sich auf die Vergangenheit ebenso bezieht wie auf die Gegenwart und die Zukunft.

Das gilt auch, wenn ich meinen konkreten Erfahrungen mit dem Tod nachdenke: Während der kompakte dunkle Fleck, als den ich den Tod in meinen ganz jungen Jahren wahrgenommen habe, durchsichtiger wird und sich weiter in mein Leben hinein verzweigt, ohne mir dabei den Atem zu rauben, pulsiert der Schmerz über den Verlust meines Vaters und meines Freundes Leo in mir wie ein wunder Punkt, der sich zusammenzieht und wieder ausdehnt. Als wären mir zwei weitere Herzen gewachsen, eines in der Brust, direkt neben meinem, und eines im Ohr, auf dem Trommelfell. Diese neuen Herzen lassen andere Gefühle und Wahrnehmungen in mir zirkulieren. Sie machen mich empfindsamer für die Trauer anderer Menschen, empfindlicher dafür, was der Verlust eines Elternteils für andere bedeuten kann. Und sie erweitern mich, sie lenken meine Aufmerksamkeit auf Orte, an denen ich ›meinen‹ Toten begegnen kann.

Mein Herz im Ohr schlägt vor allem für Musikstücke, die mich an Leo erinnern. Mein zweites Herz in der Brust schlägt für all die Dinge, die ich mit meinem Vater in Verbindung bringe, Dinge, von denen ich glaube, dass ich sie von ihm habe, Dinge, die ich ihm zurück- oder an ihn weitergeben möchte. Es sind keine geisterhaften Parallelleben, die mir diese beiden zusätzlichen Herzen bescheren. Es handelt sich eher um Zuflüsse, um kommunizierende Gefäße, die ›meine‹ Toten und mich in Vergangenheit, Gegenwart und Zukunft verbinden.

»Wir glauben gerne, dass die Wände undurchlässig und Leben und Tod sauber voneinander getrennt sind, dass Lebende und Tote einander nicht begegnen müssen. Und wenn sie in Wirklichkeit nichts anderes täten?«

Delphine Horvilleur denkt in ihrem Essay *Mit den Toten leben* den Toten und den Lebenden nach, denen sie im Laufe ihres Lebens sowie bei ihrer Tätigkeit als Rabbinerin in Paris begegnet. Im ersten Kapitel erinnert sie sich an ihr Medizinstudium, bei dem sie unter anderem lernt, dass »unser Körper seine Form durch das Absterben der Elemente erhält, die ihn konstituieren«: »Unsere Hand entwickelt sich zunächst in Form einer Flosse ohne Spalten, bevor erst viel später im Evolutionsprozess die dazwischenliegenden Zellen zerstört und die einzelnen Finger ausgebildet werden.« Das, was sie während ihres Studiums in Anatomie- und in Biologiekursen lernt, lässt sich, wie sie feststellt, in ihrem Beruf als Rabbinerin »auch anders übersetzen«: »Die Biologie hat mich gelehrt, wie eng der Tod zum Leben gehört. Mein Beruf zeigt mir Tag für Tag, dass es in unserer Hand liegt, auch das Gegenteil wahr zu machen und dem Leben einen Platz im Tod einzuräumen. Dafür müssen wir von den Verstorbenen erzählen, Worte finden, die sie uns länger erhalten als Formalin.«

Das hebräische Wort für Leben – *H'ayim* – existiert nur im Plural, womit keine aufeinanderfolgenden, sondern »miteinander verflochtene Leben« gemeint seien: »Im Hebräischen gleichen unsere Leben Webereien, bis wir die Knoten lösen und unsere Geschichten erzählen können.«

Diese »Knoten zu lösen« und die Geschichten der Verstorbenen zu erzählen, versteht Delphine Horvilleur als eine ihrer wichtigsten Aufgaben. Sie begleitet die Zugehörigen bei ihren Abschieden und räumt dem Leben auf dem Friedhof, am Ort der Toten, seinen Platz ein.

In den Vorbereitungsgesprächen für ihre Trauerreden sieht sie sich oft mit Gespenstern konfrontiert, die aus der Vergangenheit, aus den Familien- und Lebensgeschichten, über die Gegenwart der Hinterbliebenen hinaus in deren Zukunft reichen. Während in der jüdischen Bestattungstradition die weißen Leichentücher an beiden Enden zusammengenäht werden, taumelt das klassische Gespenst, wie wir es in seinem flatternden Überwurf aus Filmen, Gruselgeschichten und Kinderstreichen kennen, mit einem offenen Ende durch die Nacht: »Da der letzte Stich noch fehlt, kann das Gespenst diese Welt nicht verlassen. Es wird in ihr festgehalten, es spukt umher, bis das endlich seinen Abschied besiegelnde Flickwerk vollendet ist.«

Die Bedeutung des Gewebes kann, wie Delphin Horvilleur aus ihrer Kindheit berichtet, »im Alltag jüdischer Familien unerwartete Auswirkungen haben«. So musste sie, während ihre Mutter einen losen Knopf an einer Bluse, die sie gerade trug, festnähte, unablässig »quicklebendige« Kaubewegungen machen, um »dem Todesengel eine klare Botschaft zu vermitteln, falls er gerade in der Nähe herumstreunte«. Stoff darf, um jede Verwechslung zwischen Lebenden und Toten auszuschließen, nur an den Körpern von Toten zusammengenäht werden – oder an Wiedergängern, an Gespenstern:

»Gespenster tragen die Spuren ihrer ausgefransten Geschichten, deshalb kehren sie wieder. Sie warten, bis sie an der Reihe sind, sprich: bis ihre Geschichte von den Überlebenden ausgebessert wird.« Dass wir mit den Gespenstern »unserer persönlichen, familiären oder kollektiven Geschichte«, mit »den Gespenstern der Nation, in die wir hineingeboren wurden, mit denen unserer Kultur, mit den Gespenstern der Geschichte, die man uns erzählt (oder eben nicht erzählt)«, leben, ist keine Frage des Glaubens an ein Leben nach dem Tod. »Die Gespenster wollen uns nicht zwingend etwas Böses antun. Gelegentlich erzählen sie uns eine, unsere Geschichte, und zeigen uns, dass sie lediglich eine Wiederholung der ihren ist.«

Um die losen Enden »ausgefranster Geschichten« zusammenzuführen und das »Flickwerk« der »verflochtenen Leben« eines Menschen zu vollenden, braucht es Erinnerungen, die verändern, die die Geschichten der Toten nicht in eine Vergangenheit einschließen, sondern sie auf die Gegenwart und die Zukunft hin öffnen.

3.

Wenn ich anerkenne, dass der Tod diejenigen, die gestorben sind, verändert, erkenne ich auch an, dass sich meine Erinnerung an die Toten verändert. Durch meine Erinnerung werden sie nicht wieder lebendig. Das bedeutet aber nicht, dass ich keine Beziehungen zu ihnen haben, keine neuen »Muster« dafür entwickeln kann, mit ihnen meinen Umgang zu pflegen.

Die Totenfürsorge, die das Bestattungskollektiv *Memento* den Zugehörigen anbietet, ist eine Weise, mit den Veränderungen umzugehen, die mit dem Tod auf einer körperlichen Ebene einhergehen. Die Befürchtung, die Erinnerung an den lebendigen Menschen könne verblassen, sobald man sich seinem toten Körper widme, erweist sich als unbegründet. Es ist eine Veränderung, die sich an ihm vollzogen hat, die man begreifen kann und die nicht zwangsläufig alle anderen Eindrücke, die man von diesem Menschen im Laufe seines Lebens gesammelt hat, ablöst.

Heute stelle ich mir vor, dass es schön gewesen wäre, eine Totenfürsorge für meinen Vater in Betracht zu ziehen. Es wäre in meinen Augen eine stimmige Fortsetzung des Abschieds gewesen, den wir an jenem Ostermontag im Palliativzimmer von ihm genommen haben.

Die Veränderungen, die der Sterbeprozess in Kombination mit den schmerz- und angstlindernden Medikamenten dabei war, an seinem Körper zu vollziehen – der Tiefschlaf, die wechselnden Atemrhythmen –, haben wir alle wahrgenommen: Wir haben unsere Hände auf seine Stirn gelegt, seine Hand gehalten, mit einem feuchten Tuch seine Lippen benetzt, mit ihm gesprochen; wir haben aber auch für uns selbst gesorgt, haben gegessen und getrunken, einander Geschichten erzählt und Erinnerungen geteilt – ohne Angst davor, diese in Anbetracht unseres sterbenden Sohns, Lebensgefährten, Bruders, Onkels und Vaters zu verlieren.

Es ist etwas anderes, Erinnerungen in all ihrer Ambivalenz, ihren Schattierungen und Widersprüchen lebendig zu halten, als sich vorzustellen, die Toten würden durch meine Erinnerung wieder lebendig werden. Über diese Macht verfüge ich genauso wenig wie über jene, an die Joan Didion denkt, wenn sie schreibt, dass sie »John nicht erlaubt haben kann zu sterben«. Ulli, die angehende Bestatterin, und ich haben auch darüber gesprochen, warum es vielen Menschen so schwerfällt, über den Tod zu sprechen, als könnte er dadurch heraufbeschworen oder gar herbeizitiert werden.

Ganz und gar nicht magisch ist hingegen die Tatsache, dass es in den Händen von uns Menschen liegt, den Tod herbeizuführen oder ihn hinauszuzögern. Ich denke dabei vor allem daran, dass es nicht seine, sondern unsere Aufgabe ist, gleichberechtigte Zugänge zu einem menschenwürdigen Leben und Sterben zu schaffen. Dass der Tod nicht für alle gleich ist, ist nicht sein Fehler, sondern Ausdruck eines chronischen Versagens, die dafür notwendigen Ressourcen auf demokratische Weise zu verteilen und im Sinne aller Lebewesen dieses Planeten mit ihnen umzugehen.

Anzuerkennen, dass der Tod diejenigen, die gestorben sind, ebenso verändert wie ihre Zugehörigen und deren Erinnerungen, bedeutet für mich auch, mein Verhältnis zu ihm zu befragen. Dieses Verhältnis ändert sich – mit der Zeit, in der ich lebe; mit den Erfahrungen, die ich auf unterschiedliche Arten verarbeite; mit den Begegnungen, die mich berühren, die mich beflügeln oder verstören; mit den Räumen, in denen ich mich bewege; mit den Standpunkten, die ich einnehme und die ich immer wieder verlasse, um weiterzuziehen und später vielleicht zurückzukehren.

Ich glaube nicht, dass ich am Ende dieses Buches behaupten kann, ich könne dem Tod nun furchtlos begegnen. Verändert hat sich, dass ich in ihm nicht mehr das metaphysische Ungeheuer sehe, dem ich nur voller Angst, mit trotzigem Zorn oder überheblicher Ignoranz begegnen kann.

Ich stehe vor der jungen Linde, unter der die Asche meines Vaters liegt. Die Zweige schimmern grün, bald werden sie ihre Blätter entfalten. Auf dem Schild, das an der Felswand, am steinernen Bug, angebracht ist, stehen zwei weitere Namen. Die »Grabzugehörigkeit« meines Vaters hat sich erweitert. Es werden nun auch andere Menschen, die ich nicht kenne, zu diesem Bäumchen wandern, um sich an ihre Freundin, ihren Bruder, ihre Mutter, ihren Großvater, ihre Lebensgefährtin, ihren Kollegen zu erinnern. Vielleicht werden wir uns eines Tages begegnen, vielleicht werden wir dann von unseren Toten erzählen: wer sie waren, wie sie waren, was sie mochten und was sie nicht ausstehen konnten. Wir werden sie einander vorstellen, als Lebende und als Tote, wir werden sie füreinander in Form kleiner Geschichten und Anekdoten zugänglich machen. Mit diesen Menschen werde ich andere Erinnerungen teilen als mit meiner Mutter, mit meinem Bruder, mit Andreas, mit meinen Tanten, mit Papas Kollegen und mit meinen Freundinnen. Sie sind deshalb nicht weniger wahr, sie sind nur in eine andere Erinnerungsgemeinschaft eingebettet, in eine, die sich zufällig auf dieser niedrigen Böschung, vor dieser Felswand, die sich wie der Bug eines Schiffes über den Rand der Lichtung schiebt, zusammenfindet.

Der Wald, in dem mein Vater begraben liegt, begrenzt eine Klamm. Meine Mutter, mein Bruder und ich steigen den Pfad hinunter, der in das kühle Tal zwischen den Granitfelsen führt. Auf meinen Schuhen sammeln sich Schlamm und Moos. Ich denke daran, dass wir uns auch hier auf einer wunderbaren Insel befinden, auf einer, auf der die Toten den Wald und seine Tiere beschützen, auf der die Bäume, die Vögel, die Füchse und Echsen ihrerseits Acht auf die Toten und ihre Zugehörigen geben. Auf der der Tod in das Leben übergeht und umgekehrt.

Unten im Tal, am Ufer des Wildbachs, der zwischen den Felsblöcken hindurchrauscht, muss ich laut sprechen, um uns ein weiteres Mal die andere wunderbare Insel in Erinnerung zu rufen, diejenige, die sich mein Bruder vor vielen Jahren ausgedacht hat. Es ist eine Erinnerung, die wir auf unterschiedliche Weisen teilen. Ich habe genaue Bilder sowohl von der wunderbaren Insel selbst als auch von den Erzählnächten im Stockbett im Kopf; meine Mutter weiß, dass es diese Geschichten gab und wie sehr sie mir halfen; mein Bruder, der diese Geschichten erfunden hat, kann sich weder an sie noch an die Situation damals erinnern, sie sind erst durch meine Erzählungen in sein Gedächtnis zurückgekehrt. Seine wunderbare Insel hat indes zu diesem Buch geführt, sie ist in dieses ebenso eingeflossen wie die vielen Erfahrungen, die in Gesprächen geteilt und ausgetauscht, die in anderen Büchern vermittelt wurden.

Die Wahrheit, die in Erinnerungen liegt, lebt davon, dass sie angereichert wird durch die Sedimente anderer Erfahrungen, die sich mit der Zeit ansetzen und sich ihrerseits zu Erinnerungen schichten. Der Fluss der Erinnerungen meißelt ihre Wahrheit nicht in Stein. Er bettet sie ein in weitere Verläufe, die sich verzweigen, die das Geröll, das ihren Weg blockiert, umspülen und das, was felsenfest zu stehen scheint, in Bewegung setzen.

DANKSAGUNG

Ich danke allen Menschen, die mich bei der Arbeit an diesem Buch begleitet und mich darin bestärkt haben, es zu schreiben.

Im Besonderen danke ich Kaśka Bryla, die von Anfang an bei diesem Schreibprozess mit dabei war, die diesen Essay probegelesen und lektoriert hat; Ilse Kilic, die mir viele der Bücher empfohlen hat, die mich beim Schreiben begleitet haben; Elena Messner, die diesen Essay probegehört und einen genauen Blick auf die Fahnen geworfen hat; Andreas Pavlic, mit dem ich mein Leben und mein Schreiben teilen kann; Tini Trampler und Stephan Sperlich für ihre Musik.

Ich danke Regine, Sonja und Ulli für die Gespräche und Anregungen, die in dieses Buch geflossen sind.

Dafür, dass ich mit ihnen gemeinsam eine kritische und aufmüpfige Zeitgenoss:innenschaft praktizieren kann, danke ich meinen Redaktionskolleginnen von *PS/ Politisch Schreiben* Kaśka Bryla, Olivia Golde, Carolin Krahl, Yael Inokai und Caca Savic, meinen AUF-Kolleginnen Verena Dürr und Eva Geber sowie meinen Zunder-Compañer@s Peter Haumer, Anna Leder, Andreas Pavlic und Rudi »Cyberrudi« Steiner.

Ich danke der Edition Atelier, meinen Verleger:innen Sarah Legler und Jorghi Poll, die mich bei der Umsetzung unterstützt und an diesen Text geglaubt haben, sowie Bernadette Lietzow für die Presse- und Öffentlichkeitsarbeit.

Dafür, dass wir am Tag vor Papas Tod gemeinsam einen Unterschlupf für unsere Trauer gebaut haben, danke ich meiner Großmutter, meinen Tanten, meinen Onkeln, meinen Cousinen, Thomas, Andreas, meinem Bruder und meiner Mutter.

Meiner Mutter und meinem Bruder danke ich auch dafür, dass sie damit einverstanden sind, ihre Geschichten zu teilen.

Für die vielen Momente, die sich in meinen Erinnerungen verzweigen und die in diesem Buch weitere Verläufe annehmen, danke ich meinem Großvater, Leo und meinem Vater.

Finanziell unterstützt wurde meine Arbeit an diesem Buch durch ein Langzeitstipendium des BMKÖS sowie durch ein Projektstipendium der Stadt Wien, ich bedanke mich dafür ebenso wie für den Schreibaufenthalt in Venedig, den mir die Literarmechana ermöglicht hat.

LITERATUR, LIEDER UND LINKS

Ausländer, Rose: Noch bist du da. In: Rose Ausländer: Im Atemhaus wohnen. Berlin: Fischer Taschenbuch 1988

Barnes, Julian: Lebensstufen. Übers. aus dem Englischen von Gertraude Krueger. Köln: Kiepenheuer und Witsch 2015

Barthes, Roland: Die helle Kammer. Bemerkungen zur Photographie. Übers. aus dem Französischen von Dietrich Leube. Frankfurt am Main: Suhrkamp 1989

Bestattungskollektiv Memento: http://www.memento-bestattungen.de (Stand 6.9.2022)

Bob Dylan: »Death is not the end«, Album: Down in the Groove 1988

Bogdanović, Bogdan: Die grüne Schachtel. Buch der Träume. Übers. aus dem Serbischen von Katharina Wolf-Grießhaber. Wien: Zsolnay 2007

Böll, Heinrich: Anekdote zur Senkung der Arbeitsmoral. In: Böll, Heinrich: Werke: Band Romane und Erzählungen 4, 1961–1970, Köln: Kiepenheuer & Witsch 1994, S. 267–269

Bourdieu, Pierre: Die zwei Gesichter der Arbeit. Interdependenzen von Zeit- und Wirtschaftsstrukturen am Beispiel einer Ethnologie der algerischen Übergangsgesellschaft. Übers. aus dem Französischen von Franz Schultheis. Konstanz: Universitätsverlag 2000

Boyer, Anne: Die Unsterblichen. Krankheit, Körper, Kapitalismus. Übers. aus dem Englischen von Daniela Seel. Berlin: Matthes & Seitz 2021

Breuer, Ascan: Starless in Stalingrad. Multimedia-Projekt: https://starlessinstalingrad.com/about/ (Stand 3.3.2023)

Camus, Albert: Der Mythos des Sisyphos. Ein Versuch über das Absurde. Übers. aus dem Französischen von Hans Georg Brenner und Wolfdietrich Rasch. Hamburg: Rowohlt 1998

Didion, Joan: Das Jahr magischen Denkens. Übers. aus dem Englischen von Antje Rávic Strubel. Berlin: Claassen Verlag 2006

Enquist, Per Olov: Die Kartenzeichner. Fragile Utopien. Übers. aus dem Schwedischen von Wolfgang Butt. Berlin: Fischer Taschenbuch 2003

Erlbruch, Wolf: Ente, Tod und Tulpe. München: Verlag Antje Kunstmann 2007

Fenwick, Peter auf Thanatos TV: https://www.youtube.com/c/Thanatos-Television (Stand 06.09.2022)

Haraway, Donna: Unruhig bleiben. Übers. aus dem Englischen von Karin Harrasser. Frankfurt/New York: Campus 2018

Hirsch, Ludwig: Komm großer schwarzer Vogel, Album: Komm großer schwarzer Vogel 1979

Horvilleur, Delphine: Mit den Toten leben. Übers. aus dem Französischen von Nicola Denis. Berlin: Hanser 2022

Kilic, Ilse und Widhalm, Fritz: Und wieder vergisst der Tag dann die Nacht. Des Verwicklungsromans neunter Teil. Wien: edition ch 2015

Lindgren, Astrid: Die Brüder Löwenherz. Übers. aus dem Schwedischen von Anna-Liese Kornitzky. Hamburg: Oetinger 1974

Mahler, Gustav: Neunte Symphonie, größtenteils komponiert in Toblach, fertiggestellt 1910

Musfeld, Urs: »Komm großer schwarzer Vogel« von Ludwig Hirsch. Songs und ihre Geschichten. In: Zeitlupe, Beitrag vom 17.5.2020, https://zeitlupe.ch/panorama/kultur/musik/komm-grosser-schwarzer-vogel-von-ludwig-hirsch/ (Stand 1.3.2023)

Nádas, Péter: Der eigene Tod. Übers. aus dem Ungarischen von Heinrich Eisterer. Göttingen: Steidl Verlag 2002

Nelson, Maggie: Freiheit. Vier Variationen über Zuwendung und Zwang. Übers. aus dem Englischen von Cornelius Reiber. Berlin: Hanser 2022

Post, Emily: Etiquette in society, in business, in politics and at home. New York: Funk & Wagnalls Company 1922

Stepanova, Maria: Nach dem Gedächtnis. Übers. aus dem Russischen von Olga Radetzkaja. Berlin: Suhrkamp 2020

Tini Trampler und die Playbackdolls: Tanz der Schnecken, Album: The Town In Between 2018

Tschaikowski, Pjotr Iljitsch: Violinkonzert in D-Dur, Op. 35, gespielt von Julia Fischer mit dem Orchestre Philharmonique de Radio France unter der Leitung von Vasily Petrenko, 2018

Westervelt, Amy: The Case for Climate Rage. Popula, 19.8.2019, https://popula.com/2019/08/19/the-case-for-climate-rage/ (Stand 6.9.2022)

Winterson, Jeanette: Frankissstein. Eine Liebesgeschichte. Übers. aus dem Englischen von Michaela Grabinger und Brigitte Walitzek. Zürich: Kein & Aber 2019

Wodin, Natascha: Irgendwo in diesem Dunkel. Hamburg: Rowohlt 2020

Wurster, Maren: Papa stirbt, Mama auch. Berlin: Hanser 2021

INHALT

Erste Auflage

www.editionatelier.at
Illustrationen: Philipp Markus Schörkhuber
Cover & Satz: Jorghi Poll
Korrektur: Sophie Weigand
Druck: Grafički zavod Hrvatske, Zagreb
ISBN 978-3-99065-099-8 / E-Book ISBN 978-3-99065-107-0

Gefördert von der Stadt Wien Kultur

www.editionatelier.at